子育てに苦しむ母との心理臨床

EMDR 療法による
複雑性トラウマからの解放

大河原美以
mii okawara

日本評論社

子育てに苦しむ母との心理臨床
EMDR療法による複雑性トラウマからの解放

CONTENTS

はじめに　5

第1章　母たちの物語——過去の記憶への旅 …………………………………11

1．過去の記憶を旅するために　11

2．Aさん（34歳）の事例（一人娘3歳2ヵ月）　14
　　——娘の「大きな泣き声」への怒りと実母を喪失した悲しみの記憶

3．Bさん（35歳）の事例（一人娘2歳5ヵ月）　26
　　——「言うことを聞かない」娘への怒りと震災時の流産の悲しみ

4．Cさん（38歳）の事例（長女4歳6ヵ月・次女11ヵ月）　31
　　——娘の「指しゃぶり」への怒りと封印されていた出産時外傷の記憶

5．Dさん（34歳）の事例（一人息子3歳3ヵ月）　39
　　——愛する息子への「いじわる」と自分自身の出生時の記憶

6．Eさん（45歳）の事例（一人息子4歳8ヵ月）　50
　　——低出生体重と母の子ども時代の失敗の記憶

7．Fさん（42歳）の事例（一人息子6歳5ヵ月／小1）　65
　　——息子に「責められる」と止められない怒りと過去の罪障感

第2章　子育て困難と複雑性トラウマの理解 …………………………………77

1．記憶とトラウマ　77

2．複雑性トラウマと自我状態　79

3．子育て困難のメカニズム　83

4．脳の中の感情制御のしくみ　88

5．単回性のトラウマと感情制御の脳機能　94

6．複雑性トラウマと感情制御の脳機能　98

7．自我状態の統合　101

8．複雑性トラウマの症状化　103

9．感情制御の脳機能の点からみた愛着の相互作用　105

10．子育て困難の援助の基本　108

11．援助の悪循環に陥らないために知っておくべきこと　112

12．夫婦の関係と家族への支援　115

13．世代間を連鎖するトラウマ

（トランスジェネレーショナル・トラウマ）　119

第3章　EMDR療法による支援 ……………………………………… 123

1．EMDR療法で起こること　123

2．EMDR療法におけるセラピストとの関係性　129

3．子育て困難事例でのターゲットの設定と準備段階　132

4．クライエントさんの「脳」に任せるという姿勢　133

5．ET（早期トラウマ）アプローチ　137

6．両側性刺激の選択　140

7．「SUD（主観的障害単位）が0にならない」と感じるとき　141

8．誰もが抱える一次解離　144

9．日本人の解離と自我境界の文化差　148

10．日本人の解離と「和の文化」　152

あとがき　157

引用文献　161

はじめに

　子どもをほしいと思って産んだのに，どうしてこんなにイライラするの
だろう。よいお母さんになりたかったのに，また，怒ってしまった，怒り
が止められない，どうしてほかのお母さんのように，子どもにやさしくで
きないんだろう……。子どもの泣き声を聞くのが怖い。「泣かせないよう
に」と思って，目を離せないから，もうクタクタで，毎日が苦痛でならな
い。

　こんなふうに，お母さんたちが悩んでいるとき，多くの方は自分の責任
だと感じ，それゆえに，子育ての本を読めば読むほどつらくなってしまい，
まわりの人からのアドバイスもみんな，自分を責めているように感じるば
かりになってしまいます。

　この本は，子育て困難は「人格の問題ではなく過去の記憶の問題」だと
いうことを伝えるための本です。過去の記憶の問題とは，「過去のつらい
体験をたくさん我慢してきた」という問題です。

　本書では，子育てをつらいと感じ，子どもに適切な関わりができないこ
とで苦しんでいるお母さんたちに接する援助者の方たちが，「これまで，
たくさんのつらいことを一生懸命我慢してきたんですよね」というスタン
スで支援することで，道が拓けるということを伝えようと思います。

　「子育てがつらい」「子どもといると気が狂いそうになる」と訴えるお母
さんに，リフレッシュすることを勧め，「子どもを預けましょう」という
支援が行われることは，一般的かもしれません。しかし，そのメッセージ
は同時に，「あなたには育てられないでしょうからね」と聞こえることも

あります。自分より他者になつく子を見ることほど，母にとってつらいことはありません。ですから，子どもを他者に預けることだけでは，解決にはならないのです。

「子どもを叩いてしまう」という相談を援助者が受けたとき，そのことから目をそらさず「これまで，あなた自身がたくさんのつらいことを一生懸命我慢してきたのですよね」と，まっすぐに話を聴き，お母さんが涙を流せる関係を構築すること，それが大きな支援になります。本書では，その根拠を示します。

EMDR療法は，世界保健機関（WHO）のガイドラインにおいて，PTSD（心的外傷後ストレス障害）の治療法として推奨されている方法論です。1989年に米国のフランシーン・シャピロ（1948-2019）が発表し，ここ30年の間に，世界で実践され，多くの科学的研究が重ねられてきました。EMDR療法は，「過去の記憶の再処理」を短期間で行うことを可能にする方法論です。「過去の記憶の再処理」をわかりやすく表現するならば，「過去のつらい記憶を思い出したときに"過去のこととして"おちついて思い出せるようになること」ということができます。

誰でもが怪我をする可能性があるように，生死に関わるような強い恐怖をともなう体験をすれば，誰でもがトラウマを抱えます。これを単回性のトラウマといいます。たとえば，骨折の場合，ギプスで固定するだけで治る「単純な骨折」と，手術して骨をボルトで固定する手当が必要な「複雑性の骨折」があるように，心の怪我を生むトラウマにも，複雑性トラウマという状態があります。複雑性トラウマは，きわめて幼い子どものころから，少しずつ小さな心の怪我をしてしまうような環境で育ち，その怪我がまだ治っていないうちにまた次の怪我をしてしまう状態を重ねていることにより生じます。

人には，つらい気持ちになったときに，泣くという能力が備わっています。ちゃんと泣くということは，とても大事なことなのです。泣くことによって自分の感情を表出すれば，大人から受け止めてもらうチャンスが生

まれます。大人に受け止めてもらうことで，おちついて泣きやむ体験をすることができれば，心の中の小さな怪我は自然治癒することができます。

　しかし，なんらかの家族の事情の中で，つらい出来事があっても，自由にそのいやな気持ちを表出することができず，いつも我慢して封印するという習慣を身につけてきてしまうと，小さな心の怪我が治らないまま，また次の怪我をするということになり，怪我が複雑に重なって複雑性トラウマになってしまうのです。

　日本文化においては，「不平不満を言わずに頑張る」ことは望ましい在り方ですので，つらいことがあっても，泣かないで耐えることはむしろ推奨され賞賛されて，それにより自分の価値観として内在化されます。ですから複雑性トラウマを抱えながらも症状化することなく，いつも笑顔で頑張って，大人に評価される「よい子」として生きてきた方たちはたくさんいます。

　しかし，そのように頑張って生きてきた方たちの中に，出産を契機に子育て困難に陥ってしまう方たちがたくさんいるのです。子育ての場面以外では，なんら問題なく生活できるのに，子育ての場面では著しく感情制御できなくなるので，自分を責め，母としての自信を失ってしまいます。

　そういう方たちをどうやって救っていくのかということが，本書のテーマです。

　本書では，EMDR療法を用いて，子育て困難を引き起こしていた複雑性トラウマから自由になった方の物語を示すことを通して，子育て困難は「人格の問題ではなく，過去の記憶の問題」だということを伝えていきます。

　子育て支援に関わるすべての方に読んでいただくことを想定して，できるだけわかりやすい表現を目指しました。専門的なセラピーの担い手である臨床心理士や公認心理師・精神科医などだけではなく，福祉関係者・小児科医・保健師・保育士・子育て支援や虐待予防の関係者の方々にも読んでいただければと思っています。

はじめに　7

実際には，EMDR療法という専門的な方法による援助を受けることができる方は，まだまだ限られているのが現実です。費用がかかることも多いため，その機会を得ることが難しい場合もあるかもしれません。また，子育て支援の最前線にいる保健師，保育士，小児科医の先生方は，忙しい日常業務の中でその援助を行わざるをえない状況にあることでしょう。それでも，この本を書こうと思ったのは，EMDR療法によりどのようにして治ったのかということを知ることは，EMDR療法を使わない場合にも役立つことがたくさんあるからなのです。

　EMDR療法は，いわば「高速道路」を通ってゴールに到達する方法であるといえます。「高速道路」でゴールに到達した事例の経験を重ねることによって，どこに向かって行けばよいのかということがわかるようになったのです。それにより，「一般道路」を通っても着実にゴールに近づくことができるということを，本書では伝えたいと思います。

　まず第1章では，子育て困難を乗り越えた6人の方の物語を対話の形で紹介します。ここでは，セラピーを終えたお母さんと私（大河原）（「美以先生」）が，そのセラピーを振り返って対話をしています。この対話は，読者の理解をうながすために工夫した創作です。

　ここで描かれている事例は，私のもとで研究協力に同意された方たちへのセラピーを参考にし，特にEMDRセッションそのものについてはそのリアリティを保持させることに留意しながらも，事例の全体像は，守秘の観点からあらためて創作し直したものになっています。事例の守秘のため，リアリティを保証しつつ創作したものであることにつきまして，ご理解いただけると幸いです。

　EMDR療法やセラピーについての専門的な解説を間にはさんでいますが，最初は読み飛ばしていただき，第2章・第3章を読んだあとで，再度，挿入されている解説も含めて事例を読み直していただくと，専門家として子育て困難を援助するというそのスタンス・方法を具体的にご理解いただけるかと思っています。

第2章では，愛着と感情制御のメカニズム，トラウマ，子育て困難が起こる理由などについて，援助者の方たちすべてに知っておいてもらいたいことを，できるだけわかりやすい言葉で解説することを目指しました。

　第3章では，EMDR療法について解説しました。子育て困難という主訴に対してEMDR療法を行うためのコツなどを，第1章の事例に即して説明しています。

　本書の執筆の動機は，私の以下の論文が国際EMDR協会（EMDRIA）の学会誌に掲載されたということにあります。タイトルを訳すと「子育てにおける母のイライラをEMDR療法のターゲットにすることにより，トラウマの世代間連鎖に介入する方法」となります。日本人である私が日本人に対して行っている事例を，海外でも通用するものとして記述し，認めてもらうということは，とてもとても大きなチャレンジでした。この論文の中で主張したことを，わかりやすく具体的に，実践可能なものとして，日本人の援助者に伝えることが，本書の目的です。

Okawara, M. & Paulsen, S.L.（2018）Intervening in the intergenerational transmission of trauma by targeting maternal emotional dysregulation with EMDR therapy. *Journal of EMDR Practice and Research*, 12（3）, 142-157. doi:10.1891/1933-3196.12.3.142

　なお，EMDR療法を実践するためには，国際EMDR協会認定のトレーニングを受けることが義務づけられており，本を読んだだけで実践することは禁じられています。そのため，本書でも，その方法の詳細は記載していません。トレーニングを受講したセラピストが読んでわかる程度の説明，一般の援助者の方の理解を深めるための記述にとどめているという点をご理解ください。

　日本においては，日本EMDR学会が，日本におけるトレーニングに関する基準の制定を行う組織として，国際EMDR協会から承認されていま

はじめに　9

す。トレーニングに関する情報は，日本EMDR学会のウェブサイト（https://www.emdr.jp/）でご確認ください。

　正式なトレーニングを受けたセラピストは，この倫理についてよく理解しているはずですが，近年ウェブ上には安易に眼球運動などの両側性刺激の使用をうながす動画などが見られます。本書を読んだ方が，ウェブ上の情報に基づきEMDR療法の模倣をすることは大変危険なことですので，ご注意ください。

第1章
母たちの物語——過去の記憶への旅

1. 過去の記憶を旅するために

　私は，子育て困難に苦しむお母さんたちと過去の記憶の旅に出るとき，次の文章を一緒に読むことを通して，EMDR療法への理解をうながします。読者のみなさんも，ここからはじめましょう。

　　私たちの心は，幼いときからの記憶の積み重なりによってできています。怖かったり，不安だったり，イライラしてどうしようもなかったりするとき，その感情は，現在のきっかけとなる出来事と，その感情を生み出していた過去の出来事との両方につながっています。そのため，現在のきっかけとなる出来事だけをなんとかしようとしても，なかなかうまくいかないということが起こります。そのうえ，過去の出来事は忘れてしまっていることがほとんどなので，自分の力だけでは，何が起こっているのかを見つけることはできないものなのです。

EMDR療法では，現在の問題を解決するために，そこにつながっている過去の記憶にアプローチします。

　記憶は，脳の仕事です。脳は，その人が生きていくために必要なことをしてくれている場所です。そして，幼いころからの記憶の集合は，物事に対する反応の仕方というものを形作って保存されています。なので，私たちはみんな，心の中に「小さな自分（インナーチャイルドまたは自我状態といいます）」を感じることができます。「小さな自分」が，現在の生活の中に登場しない状態でいてくれればいいのですが，時々，勝手に出てきて暴走するということが起こります。そのような「小さな自分」は，深い傷つきを抱えているのです。

　なので，過去の傷ついた「小さな自分」と対話し，抱きしめてあげることが，過去の記憶をおさめていくために必要な心理治療になります。時には「小さな自分」は年齢や体験ごとにたくさんのバリエーションをもっています。赤ちゃんモード，子どもモード，怒りモードなど，いろんな自分がいてよいのです。いろんな感情がそれぞれにモード（反応の仕方のつながり）を構成しています。

　EMDR療法においては，セラピストの指示により，呼吸をしたり，イメージをしたりしながら，質問に答えていただき，左右に目を動かしていただいたり，タッピングの刺激を感じていただいたりします。これらの刺激を両側性刺激といいます。脳は左脳と右脳でできていますので，左右の刺激を与えることで，記憶の処理が進みます。

　しかし，セラピストがそれ以上の何かをするわけではありません。これまでの体験やイメージや身体に感じていることをそのままに思っていていただきながら，両側性刺激に身を任せていると，クライエントさんの脳がおのずと今自分にとって必要な仕事をしてくれるのです。そこで思い出したことや身体が感じたこと，そのことが重要です。

　こんなこと感じたら変なのかなとか，指示とは違う記憶が出てきてしまったとか，考えなくてよいのです。どんな反応にも意味があり，

重要です。身体感覚だけに反応がある場合もありますし，色や形など
の漠然としたイメージだけが動くこともあります。明確に過去の記憶
が走馬燈のように流れることもあります。どんな反応であっても，脳
の中に起こることを起こるままにしておいていただけると，脳がおの
ずと脳の中におさまりを見つけていきます。

　強い怒りや悲しみの感情がわいてくることがあったとしても，それ
は過去にそれほどつらい体験をしてきたのだということであって，今，
その感情が出てくることができたことこそに意味があるのです。それ
だけの感情体験をしながらも，ここまで生きてきた自分を褒めてあげ
ること，つらい気持ちを抱えてきたモードに感謝することを目指しま
す。

　このEMDR療法は，お子さんにもお母さんにも行うことができま
す。お母さんが変化することを通して，お子さんの反応の仕方が変わ
ることはよくあることですので，お母さんがEMDR療法を受けるこ
とが，お子さんの問題を解決するための近道になることもあります。

　なお，EMDR療法は，記憶のシステムに刺激を与えますので，数
週間から1ヵ月くらい，夢を見やすくなったり，過去のことを思い出
しやすくなったり，感覚が過敏になったりすることがあります。それ
らは脳の中で記憶の再処理が生じていることを意味していますので，
「私の脳が仕事をしているんだ」と思っていただき，起こっているこ
とをそのままにしておくと，時の流れの中で変化していきます。

　以下に6人のお母さんたちの物語を示します。最初は，解説部分を飛ば
して読んでいってください。専門家の方は，第2章・第3章を読んだあと
で，再度，事例と解説を読んでいただくと，理解が深まると思います。

2．Aさん（34歳）の事例（一人娘3歳2ヵ月）
——娘の「大きな泣き声」への怒りと実母を喪失した悲しみの記憶

大河原：Aさんが最初においでになったときには，3歳のお嬢さんが大き
　　　　な声で泣くと，激しい怒りに襲われてしまうということで，苦し
　　　　んでおられましたね。

Aさん：はい。あのころのことを思い出すと，ほんとうにつらかったです。
　　　　子どもがほしくて，楽しみにして産んだのに，どうしてもなりた
　　　　いお母さんになれなくて，子どもにカーッとなって，怒鳴り散ら
　　　　してしまって，ほんとうに自分は「なんてダメなお母さんなんだ
　　　　ろう」って，毎日毎日思っていました。EMDR療法を受けて，
　　　　こんなにも過去の記憶が影響しているんだってことに気づいて，
　　　　びっくりでしたけど，いまではふつうに子育てできるようになり
　　　　ました。子どもは5歳になりましたが，あいかわらず，いまでも，
　　　　いやなときには大声で泣きますけどね。

大河原：Aさんは最初から，ご自分の生い立ちの問題をなんとかしたいと
　　　　いう思いで，カウンセリングにおいでになりましたよね。

Aさん：はい，そうです。うちの子は，夫といるときは穏やかでそれなり
　　　　に聞き分けもあったのですが，私と2人きりでもめはじめると，
　　　　お互いに感情コントロールできなくなってしまっていたので，私
　　　　の問題だと思っていました。

　　　　　もうとにかく娘に「大きな声」で泣かれると，足の指に「ぎゅ
　　　　うっ」と力が入ってしまって，イライラすることを止められなく
　　　　て……。子どもを叩いてはいけないと思うので，となりの部屋に
　　　　行って，自分の手のひらを叩いたりしていて，それを見て，子ど
　　　　もがまた泣くって感じを繰り返していました。

大河原：Aさんがご自分でなんとかしたいと思っていた生い立ちというの

は？

Ａさん：私の実の母は，私が２歳のころに交通事故で亡くなったんです。
２歳年上の兄との２人きょうだいだったんですが，父は，私たち
を育てていかなければならないので，すぐお見合いで再婚したん
です。継母はすごく若くて，いきなり私たち２人の「お母さん」
になったわけなので，きっと大変だったんだろうなとは思うんで
すけど，幼稚園のころは，継母から叱られることが多かったとい
う記憶しかないんですね。いい子にしていたら抱っこしてくれる
のかなとか，継母に好きになってもらえるように必死だったよう
な気がします。

　父も，酔って帰ってきては怒鳴るということが多くて……。私
は親戚から「お父さん子だよね」とよく言われるんですけど，小
さいときから「お父さんが好き」な振りをしなくちゃいけないっ
ていう意識があったんです。「まわりが笑顔になるように振る舞
っていれば，安全」みたいな感じでしたね……家では。

　なんか，そういうこととかが，私が"いいお母さん"になれな
い理由なんじゃないかなって，いろんな本とか読んで，思ってい
たんです。

　小さいころはそんな感じで，でも，継母とは私が小学校高学年
くらいになって，いろいろおしゃべりできるようになってからは，
すごくいい関係でした。ほんとうのお母さんじゃないことは知っ
ていましたが，中学高校のころはそんなことは意識しませんでし
た。専門学校に行って看護師になって，５年くらい働いて結婚し
て，３年目にようやく授かった子どもです。妊娠がわかってすぐ，
仕事をやめることにして，子育てに専念したいと楽しみにしてい
たのです。小さいとき，さみしかったので，自分の子どもにはそ
ういう思いをさせたくないと思ったんです。

第１章　母たちの物語　15

〔**解説**〕EMDR療法は，治っていくために必要な情報（トラウマ記憶）の再処理を，脳が自動的に適応的に選択するという前提で行われる治療法です。セラピストの仕事は，それが可能になるようなセッティングをするだけともいえます。情報（トラウマ記憶）の再処理というのは，「いやな記憶が『忘れていける記憶』に変わる」ということを意味しています。

　EMDR療法は，その方の生まれたときからの人生の経緯を聞かせていただくというプロセスからはじまります。私は，子育て困難を解決するためのEMDR療法を行う場合には，お母さん自身にご自分で生い立ちのプロセスを書いていただくという方法を使っています。クライエントさんに，セラピーを受ける前にご自身の生い立ちを振り返る作業をしていただくことは，それだけでも意味のある仕事になります。

　この作業が困難である場合には，EMDR療法に入る前に，十分に時間をかける必要があります。Aさんのように，自分が何に傷つき，苦しんできたのかということを言語的に語ることができる状態にある方の場合，比較的すぐにEMDR療法を開始することができます。言語的に自分の人生の困難を語ることができるということは，自分の中の過去の体験に焦点をあてることで引き出されてくるつらい感情を抱える力が備わっているということを意味しているからです。

　EMDR療法を開始するにあたっては，はじめに，内的に安心・安全を感じる場所・状態（Safe Place/State）を，意識的に維持するためのセッションを行います。深い呼吸をしながら，安心・安全を感じることができる状態を思い浮かべ，その状態を強化するために（リソーシング），両側性刺激（眼球運動／タッピングなどによる左右への刺激）を加えます。

大河原：それでは，EMDR療法がどんな方法なのかということを読者の
　　　　みなさんに伝えるために，Aさんと一緒にEMDR療法のプロセ
　　　　スを振り返ってみたいと思います。
Aさん：私が「安心な場所」と言われたときに思い浮かんだのは，すやす

や眠っている子どもを抱いている場面でした。泣き叫ばないとき
はほんとうにかわいいという気持ちがわいてきて，寝顔を見てい
ると幸せな気持ちになれるからなんです。呼吸をしながら，膝上
にタッピングしてもらっていると，その安心感と幸せな気持ちが
ふわっふわっと増えていくようでした。次の指示で，子どもが
「大きな声」でわめいているときのことを思い出してみました。
すると，頭が「ぎゅうっ」となってきて，びっくりました。思い
浮かべただけなのに……0～10のスケールでいうと，7くらい
の強さでした。そして，指示に従って，ゆっくりと呼吸をしなが
ら，わが子のかわいい寝顔を思い浮かべると，最初は難しい感じ
がしたのですが，だんだんとおさまっていくのを感じることがで
きました。

　子どもはここにいないのに，思い浮かべただけでこんなふうに
不快を感じるということを体験して，ほんとうに「記憶の問題っ
てこういうことなのか」と思いました。

〔解説〕EMDR療法では，処理する記憶のターゲットにともなう否定的認
知（NC：Negative Cognition）とそうあったらよいと思う肯定的認知
（PC：Positive Cognition）をたずねて，そのターゲットを思い浮かべ
ているときにわきあがってくる感情や身体感覚の度合を0～10の数値で
確認しておくというところからはじめます。子育て困難に対するEMDR
療法では，通常の標準的なEMDR療法に少しの工夫を加える必要があり
ます（第3章）。まず，その工夫の1つは，子どもの言動によって母の側
に引き起こされる不快感情とそれにともなう身体感覚をターゲットとする
ことです（第2章の図15-②・106頁）。

大河原：Aさんの初回のEMDR療法では，お嬢さんの「かんにさわる大
　　　　きな声」の場面からはじめました。「遊園地で，ポップコーンを

第1章　母たちの物語　　17

食べたばかりなのに，別のところで売っていたかわいいケースの
ポップコーンをほしいと言って，大声で泣き叫んだ場面」です。
その場面を思い浮かべたときのＡさんに生じる不快な感情と身
体感覚を「処理するべきターゲット」と設定しました。その場面
にフィットする思い（否定的認知：NC）を選んでもらうと「私
は危険にさらされている」という言葉でしたね。

Ａさん：そのポップコーンの場面は，いま食べたばっかりという状況で，
　　　　ケースだけほしいと言って大声でごねていたので，けっこう私は
　　　　頭に血がのぼっている感じで，「頭がぎゅうっ（身体感覚）」とな
　　　　っていて，主人がいなければどうなっていたかという場面だった
　　　　のです。否定的な認知の言葉のリストを見せてもらって，そのと
　　　　きの感じにフィットする言葉は「私は危険にさらされている」で
　　　　した。最初は，「どうして泣くの！」って「怒り（感情）」だった
　　　　んですけど，呼吸をしながらそのことを思い出して，両膝にタッ
　　　　ピングを受けているうちに，なんだがいつのまにか涙が出てきた
　　　　のです。でも，自分ではなんで泣いているのかさっぱりわかりま
　　　　せんでした。

〔解説〕第２章の図15-②（106頁）に示した，母の側に生じる負情動とそ
れにともなう身体感覚が，ここでの語りに表れています。「頭がぎゅう
っ」となる感じがそれにあたります。

大河原：そこで，ゆっくり呼吸をするようにうながしながら，私は「いま
　　　　それを感じているその感じは，何歳くらいの感じですか？」とた
　　　　ずねました。

Ａさん：最初は「何歳って聞かれても……？」と思ったように思いますが，
　　　　なんだか「幼稚園かな，もっと小さいかも，３歳か４歳か……」
　　　　って感じがしたんです。そしたら，グワーッて感情があふれてき

て，号泣状態で止められなくなりました。その間，タッピングして
もらっていると，だんだんおさまってきて，ふっと「私，お母
さんに会いたかったんだ」「お母さんに会いたいって，大声で泣
きたかったんだ」ということがわかったんです。

大河原：お嬢さんが大声で泣いているとき，その声を聞いて反応していた
のは，あなたの中の幼い記憶の部分だったのですよね。あなたが
2歳のときにお母さんが亡くなって，幼いあなたはどれほどお母
さんを求めたことでしょう。でも，求めても，求めても，どんな
に泣いても，お母さんは戻ってこない。おそらく当時，幼いあな
たがお母さんを求めて泣くことは，お父さんをはじめ，周囲の大
人たちの悲しみを深めたことでしょう。だから，幼いあなたは，
泣かないで生き抜いたのだと思います。わが子の泣き声という刺
激は，この「あなたの中の封印されてきた感情」を引っ張り出し
てくる刺激だったのです。だから，なんとか必死に，わが子の泣
き声を止めたかった。それなのに，泣きやんでくれないわが子を
みると，怒りがこみあげてしまっていたのですよね。

Ａさん：このセッションが終わったとき「ああ，そうだったんだ」ってす
ごく身体でわかったって感じがして，肯定的認知（PC）のリス
トを見せてもらったとき，「いまは安全だ」っていう感じがピッ
タリきました。もう，私は大人になっていて，お母さんになって
いるわけで，2歳じゃないですからね。でも，カーッとなって子
どもを怒鳴り散らしてしまっていたときには，「『いいお母さんに
なりたいと思っている私』ではない私」がやっているみたいな感
じはずっとありました。

〔解説〕たとえば，いまここには「34歳の私」がいるわけですが，「3歳の
ときのつらい記憶」が封印されている場合には，心の中に「3歳の私」が
いるような感じになります。気づかないでいると，3歳のわが子と，3歳

同志でけんかしているような状況になってしまうわけです。これは，めずらしいことではありません。記憶というのは，とても不思議なもので，脳の中で年齢ごとにストックされます。感情の記憶は，その年齢の自我状態（Ego State）とセットで封印されるのです。だから，そのときの感情はそのときの自分（自我状態）とセットなのです。そして「子育て」という刺激は，わが子の年齢と同じ時期の自分の自我状態を引っ張り出してくるので，つらい記憶を抱えている場合には，混乱が起こりやすいのです。

大河原：Ａさんは，１回目のEMDRセッションのあと，どんな変化がありましたか？

Ａさん：びっくりするくらい，子どもの「大きな泣き声」には反応しないでいられるようになったんです。それまでは，大きな泣き声を聞くと，足の指がぎゅっとなっていたんですけど，それが不思議となくなって，状況に応じて，冷静に対処できている自分に気づきました。まあ，泣かれると困るは困るんですけど，ほかのお母さんたちがやっているように，何か気そらしを見つけたり，泣きやむのを待ったり，泣きやんだあと抱っこしたりできるようになりました。

　　　　自分の小さいころのことを思い出すことも多くて，いまこうやって子育てしていると，この幼い年齢で母親が亡くなるなんて「ありえない」ってつくづくそう思うので，私はほんとうにかわいそうだったんだなって，自分のこと，はじめて実感をもって，そう思いました。

大河原：ほんとうにそうです。いまあなたのお嬢さんが大声で泣けるのは，あなたが健康だからですものね。

　　　　そのあと，別の引き金で怒りを止められなくなる出来事があって，そのことを２回目のEMDRセッションで扱いましたね。

Ａさん：はい。せっかく「大きな泣き声」に反応しなくなってよかったと

思っていたのですが，今度は，娘が砂場でスコップを「貸さない」と自己主張したときに，コントロールできない怒りがあふれてくるのを感じたのです。そのときは，娘はだまって「貸さない」と自己主張していて，泣いていたわけではないですし，まあ，この年齢だから自分の気に入ったスコップを貸したくないのも，ふつうのことかなというのはわかっているのに，怒りが止められなかったんです。

〔解説〕EMDR療法は，過去の記憶の再処理を行う技法です。過去の不快な感情の記憶というのは，「芋づる」のようにストックされているといわれています。なので，1つの「芋」を引っ張って抜くと，まわりの土も掘り返されます。EMDR療法のあとは，一緒に掘り返された土がもとに戻るまで，さまざまな変化が日常生活の中で生じます。これまで忘れていたことを思い出すことが多くなったり，過敏さが増したり，いやな夢を見たりすることがあります。これらの反応は，脳の中での再処理が続いていることを意味しており，脳が適応的に情報を再処理しているという「作業の途上である」ことを意味しています。EMDR療法は，面接している時間内だけで完結するものではなく，面接中に生じた変化・刺激に基づいて，その後も脳が仕事を続けるというところに特徴があります。ですので，EMDRセッション後の変化を注意深く見ていくことが必要になります。

大河原：2回目のEMDR療法では，ターゲットを「娘が砂場でスコップを貸さないと主張したとき」の場面で生じた不快感情と身体感覚「お腹の中がカーッとなる感じ」としました。

Aさん：その場面をイメージすると，お腹の中がカーッとなってくる感じで，すごく「私は完全でなければならない（否定的認知：NC）」って感じがしていました。タッピングしてもらっているうちに，「頑張っているから褒めて」「迷惑かけないから褒めて」「しっか

りするから褒めて」「どうして褒めてくれないの！」っていう感じがしてきました。自分でもすぐに，5歳ころの幼い私の声だということがわかりました。

　美以先生から「34歳のあなたは，幼い5歳のあなたに何て言ってあげたいの？」と聞かれたときは，すぐに「大丈夫だよ。頑張ってきたよね。わかっているよ」と言っていました。そしたら，どんどん幼稚園から小学生のころのいやだった記憶が流れていきました。もうすっかり忘れていることでしたけど。そして，イメージが止まって，私はどれほどいつも頑張らなければならないと思ってきたのか，継母に愛されたいから，褒められるように頑張ってきたんだということに気づきました。美以先生にうながされて，小さな私の代わりにぬいぐるみの人形を抱きしめたとき，涙が止まりませんでした。長いこと，気づいてあげられなくてごめんね，という気持ちでした。

　だから，きっと自分は幼いころ，まわりの子にスコップを貸したくないときにも，継母から褒めてもらうために貸してあげていたので，「幼い私」が，「貸さないって自己主張する娘」を受け入れられなかったんだということがわかりました。セッションの最後には「私はありのままでいい（肯定的認知：PC）」と実感をもって思うことができました。「ほんとうはスコップを貸したくないと思っていた幼い私もそのままありのままでいいんだ」って思えたんです。

〔**解説**〕子育て困難を解決するためのEMDR療法では，ここに示したような自我状態の統合をうながす関わり（Ego State Work）を再処理のプロセスの中に入れこむ工夫が役立ちます。わが子にカッとなって感情コントロールができない状態になっているときに，主体となっているのは，幼い自我状態であることがほとんどです。現在の年齢の自分が，心の中の幼

い自我状態と対話し，その痛みを受け入れるというプロセスを，両側性刺激が与えられている中で（タッピングをしながら）通過することで，統合が容易にうながされます。自我状態の統合については，第2章と第3章で詳しく解説します。

大河原：2回目のセッションのあとから，3回目のセッションへつながるところは，とても興味深い展開でしたね。

Ａさん：2回目のあと，ほんとうに娘を怒る機会は減りました。ですが，どうしても感情をコントロールできない感じになることは何度かあって，そのときのきっかけを考えていたら，私は「睡眠不足だとダメなんだな」って気づいたんです。寝不足だとイライラしちゃうんだって思って，わりと軽い気持ちで美以先生に報告したんです。でも，まさかの展開でしたね。

大河原：寝不足のときにイライラするっていうのは，誰にでもあることですよね。でも，そのとき，私は「EMDR後の反応」という視点でみているので，以前はそうでもなかったのに，ここにきて「寝不足」に反応しているということは，「寝不足」という身体感覚に注目すべきなんじゃないかと直感的に思ったわけです。そこで「これまでの人生の中で一番寝不足だったのはいつ？」とたずねました。

Ａさん：そう聞かれれば……それは「看護師時代」というのはすぐに浮びました。3交代勤務なので，夜勤のあとは日中に眠らなければならないわけですが，なかなか眠れなくて，ほんとうにいつも睡眠不足でした。すぐに眠れないのはストレスのためだったわけですが，そのストレスを話しはじめたら，もう，すぐ号泣状態で……自分でもびっくりでした。すっかり忘れていたことだったので。

　　　　当時の上司のドクターがけっこう大きな声で叱る人で，若手の

第1章　母たちの物語　23

看護師はみんな怒鳴られていましたから，私は叱られないようにとすごく過剰に緊張していて，いつも次の日のことが心配で，それでなかなか眠れなくなってしまっていました。一度，実際にみんなの前で罵倒されたこともあって，そのころ，家に帰っても眠れないので，街に出てはショッピングして，結局着ない服をたくさん買って，包みを開けないまま家に放置って感じで，買い物依存状態でした。

大河原：このエピソードは，成人してからの"立派な"トラウマ体験で，未処理のまま封印されていた記憶といえます。そこで，EMDRの標準的プロトコルによるセッションを行いました。ターゲットは「ナースステーションで罵倒されたこと」の記憶になります。ここまでの2回のEMDRセッションで，幼児期の「小さな私」との対話を行ってきていましたが，実は私はカッとなってわいてくる怒りの強さの理由はまだいまいちわからない感じがしていたのです。なので，ここで，Aさんが号泣しはじめたとき「これか……」と思いました。

〔解説〕このエピソードは，明確な顕在記憶（認知的に言葉で説明できるエピソードの記憶）でしたので，眼球運動を両側性刺激として使用しました。自我状態のワークを行う場合は，身体のレベルに深く入っていくので，私は通常タッピングを用います（第3章）。

Aさん：この記憶を思い出したとき，それにともなう否定的認知（NC）は2回目のときと同じで「私は完全でなければならない」でした。その上司のドクターの顔を思い浮かべると，恐怖がわーっと出てきて，身体が固まりました。美以先生の指を追って，目を左右に動かしていくと，次々と，その状況がリアルに浮かんで流れていきました。連想は，中学生や高校生のときの「テストで悪い点数

をとったらどうしよう，不安」ともつながり，いやでもいやと言えない自分，酔っ払って怒鳴る父に抱かれて，いやと言えず好きと言っていた自分へとつながりました。徐々に恐怖は消えて，いやなものはいやって思える気がして，「私は自分の判断を信用できる」という肯定的認知（PC）をもつことができました。

　私は，幼いころから，継母に好かれるために頑張る，いわゆる「いい子」で育ってきて，周囲を喜ばせるために自分の感情をないことにするという適応の仕方をしてきました。そんな状態だから，思春期のころも，失敗することや叱られることには過度に不安を感じていて，看護師時代の出来事は，すごい恐怖で，その気持ちをすべて封印していたんだということに気づきました。だから，娘が自由気ままに泣いたり自己主張したりすると，私の封印している恐怖が動いて，それでコントロール不能になっていたということがわかって，このセッションのあとは，ほんとうに「終わった」という感じになることができました。

〔**解説**〕Aさんの事例は，3回のEMDRセッションで，人生のつらかった出来事の記憶の再処理が行われたという点で，最短の事例といえると思います。相談期間は8ヵ月（面接回数6回）でした。変化が起こり，時の流れの中で，それが定着するには，最低でもそのくらいの時間は必要ということになります。

　3回目の看護師時代の体験が，これほど大きなトラウマになっているということは，Aさん自身も気づいていませんでしたが，一般的にはそれがふつうです。人は大変な状況の中では，生き延びることが優先されますから，つらさは封印して，忘れることで，前に進むのです。だから，大変なことであればあるほど，忘れているということが常です。なので，EMDR後の反応の中から，クライエントさんの脳が次に処理すべきものを教えてくれるというスタンスが，効果的なEMDRを実施していくうえ

第1章　母たちの物語　25

で役に立ちます。Aさんの場合は，「寝不足」という身体感覚がその入り口でした。

　困難を抱えた幼少期の体験の中で，わがままを言わない「よい子」として頑張ってきた人は，つらい感情と一緒にそれを抱えた自我状態（「小さな私」）を封印して生きています。出産・子育て体験は，わが子の年齢に合わせて，その幼少期の記憶と自我状態を引っ張り出してくるので，子育て困難が生じます。そのときにあふれてくるネガティヴな感情のエネルギーは，大人になってから封印しているつらい体験のエネルギーによって補給されています。

　ですから，子育て困難を解決するためのEMDR療法では，子どもの言動を引き金にして母に生じる不快感情と身体感覚をターゲットとして，幼少期の自我状態を統合したうえで，未処理のトラウマを扱うという流れになります。どの記憶とつながっているのかを知っているのは，クライエントさんの脳だけなのです。

3．Bさん（35歳）の事例（一人娘2歳5ヵ月）
──「言うことを聞かない」娘への怒りと震災時の流産の悲しみ

大河原：Bさんは，お子さんだけでなくご主人にもイライラが止められないということで，ご相談においでになりましたね。当時お子さんは2歳5ヵ月で，なかなか元気なお嬢さんでしたね。

Bさん：女の子なのに，道路で泣きはじめるとひっくり返って，どうにもならなくなっちゃって，私も手をあげてしまったりして……毎日毎日，私も泣きわめいているような状態でした。

　　　　私はこの子を産む前に，一度流産していて，そのあと職場のゴタゴタもあって，うつになって，1年休職したあとで退職したんです。2年間精神科クリニックに通院していたんですけど，子どももほしいので，薬をやめることにして，そのあと妊娠して，娘

が無事生まれました。

　流産は，妊娠初期でのことだったんですけど，それがちょうど東日本大震災のときで，震災の日，東京は全部電車が止まって，停電もしていたので，3時間くらい歩いて帰宅したんです。その翌日出血しちゃって，でも震災の混乱でいつもの病院は休診になっていて，なんとか開いている産科の病院を見つけたんですけど，ダメだったんです。

大河原：最初に「安心な状態」をイメージしていただいたときには，「子どもが健康であること」を思うと安心できるということでしたね。それはこういう悲しい出来事のあとに生まれたお子さんだから，なおのことだったのでしょうね。

Bさん：はい。ほんとうに元気で健康であるということには感謝しているんですけど，何を言っても言うことを聞いてくれなくて，私がパニックになっちゃって，叩いてしまったこともあるので……私がこんなに困っているのに，夫は何もわかっていないという怒りがこみあげてきて，さらにパニックになるという感じでした。

　私は，両親が教師で忙しくて，母は家にも仕事を持ち帰って，作文へのコメントとか書いていましたから，小さいときから甘えたくても甘えられないっていう思いをずっともっていました。母には，母が担任している生徒さんたちと比較されることもよくあったので，いつもちゃんとしていなくちゃいけなくて……いま，子育てもうまくいかないので，母からの「しっかりしなさい」っていう声がいまだに聞こえてくるような気がするんです。だから，母から電話がくると，ほんとうのことは言えなくて，「うーん，順調」なんて答えています。実家に甘えられる人はいいなって思います。

大河原：最初のEMDRのセッションでは，お子さんが「言うことを聞いてくれない」という場面をターゲットとして扱いました。帰らな

第1章　母たちの物語　27

くちゃいけないのに「帰らない」とごねて，「お母さんの言うことを聞かない」という場面でしたね。

Ｂさん：なんか，自分でも中学生っぽいっていうのは前から感じていて，娘が私の「言うことを聞いてくれない」と，心の中で「どうせ誰も私の言うことなんか聞いてくれないし」っていう気持ちがいつもわいていたんです。セッションの途中で，美以先生に「あなたは，自分の言うことをお母さんに聞いてもらえなかったのよね」って言い直してもらったとき「ああ，そういうことか」って思いました。そう思いながら，タッピングしてもらっているうちに，胸が苦しくなって，涙が止まらなくなりました。

大河原：そこでは，35歳のお母さんとしてのあなたと，中学生のあなたとで，心の中で対話してもらいましたね。

Ｂさん：中学生の私は，いつも母の期待に応えるように，母が満足するように行動していて，自分の気持ちは母に言えなかった。いまの私が，心の中の中学生の私に「どうして言えないの？」って聞いてみたら，「だってお母さんが悲しむでしょ」って言ったんです。35歳の私は中学生の自分がすごくいとおしくなって，「お母さんのことをそんなに気遣わなくてもいいよ，自分のやりたいようにやりなよ」って言っていました。私は，娘が私の言うことを聞かないとき，心の中では「親である私が悲しまないように，親のことを気遣ってほしい」と，2歳の娘に対して思っていたんだと気づきました。

大河原：ご主人に対してのイライラもお子さんに影響しているということでしたので，2回目のEMDRセッションでは，ご主人への思いをターゲットにしました。

Ｂさん：どうしても「夫にやさしくできない」ということに罪悪感を抱いていたので，そのことを思ってみました。そのときに抱く否定的認知（NC）は「私はひどい人間だ」という感じでした。胸のあ

28

たりで怒っている感じがして，タッピングしてもらうと涙が出てきました。イライラした感じはすぐに消えて，犬の散歩が大変という気持ちが出てきました。その犬は，震災で流産してその後うつになって休職していたときに，「気分が変われば」っていうことで夫の友人からもらった犬なんです。今の現実の生活の中では，子どももいて，犬も散歩させなくちゃいけないので，実際，毎日の生活が大変で，その犬の散歩の大変さが浮かんだあとで，そこから，震災直後の計画停電の感じとかがよみがえってきて，涙が止まらなくなりました。

大河原：震災のときは，ほんとうに大変つらい思いをしましたね。

Ｂさん：歩いて帰宅した震災の翌日に，出血してしまって，やっと見つけた産科はすごく混んでいて，待たされて……待っている間にトイレで……流れてしまったんです。病院にいるのにどうにもできなくて，何もしてくれなくてパニックで……やっと順番がきて，医者に言ったら「ほんとうに妊娠してたの？」「どうしてうちに来たの？」って迷惑そうに言って，内診が終わると「これは流産，流産」と言い放った。その言葉が耳を離れなかったです。

　　　タッピングをしてもらいながら，その記憶が流れていって，そしてどうして夫に怒りを感じていたのかがわかりました。私は今でもこの流産のことがつらすぎて，忘れることができないのに，夫は「こんなに健康な娘が生まれたんだから，もういいでしょう」という感じで，忘れているからなんだということがわかりました。流産したのは，「震災の日に歩いて帰った自分の責任なんだ」とずっと自分を責めていたんです。でも，悪いのは「震災」ですよね。今はそう思えます。セッションの終了時，私は自分の気持ちにフィットする肯定的認知（PC）として「私は幸せになれる」を選びました。

　　　2回目のEMDRセッションのあと，美以先生からも夫に自分

第1章　母たちの物語　29

の気持ちを伝えるようにと勧められて，夫と話す時間をもちました。私は夫の前で，素直に泣くことができて，夫も「今まで気づかなくて悪かった」と涙ぐんで受け止めてくれました。「言えば聞いてもらえる」という体験になりました。思えば，言ってもいないのに「わかってくれない」と思い込んでいたように思います。

　いま，娘は4歳半になって，だいぶ話がわかるようになったということもあり，むやみにかんしゃくを起こすこともなくなり，私も余裕をもって子育てできるようになりました。

〔解説〕妊娠・出産をめぐる身体的外傷・精神的外傷は，子育て困難に直結します。生い立ちの中で，親の期待に応えて「よい子」でいるために，自分の気持ちを抑えることで適応してきてしまうと，大人になってからつらい出来事に遭遇したときにも，つらい気持ちを抑える傾向が強くなるので，自責の念を抱えやすいということが起こります。Bさんも夫にやさしくできない自分に対する認知は「私はひどい人間だ」というものでした。

　この流産とその後のうつという出来事は，当初から語られていましたので，最初から直接ターゲットとして設定してEMDRを行うことも可能ですが，私はそのような方法をとりませんでした。その人が今つらいと感じていること，ニーズを感じていること（この場合，子育て困難）をターゲットにしていくことにより，処理されることが必要な記憶がおのずとリンクされてくると考えるからです。処理される準備ができていない記憶は，ターゲットに設定しても再処理が進まないということがあるので，私は，クライエントさん本人が，今困っていることに焦点をあてる方法をとることが多いです。このように，必要なことはおのずと出てくるからです。「どのタイミングで出てきたい記憶なのか」ということを，クライエントさんの脳に任せるという姿勢です（第3章）。

　Bさんの流産後のうつ症状は，流産の痛みと悲しみを封印していたことによるものと考えられます。

4．Cさん（38歳）の事例（長女4歳6ヵ月・次女11ヵ月）
——娘の「指しゃぶり」への怒りと封印されていた出産時外傷の記憶

大河原：Cさんは，4歳半の長女が指しゃぶりをしている姿をみると，怒りを止められないということで，ご相談においでになりました。

Cさん：私は，子どもが順調に育たないのは「何もかも自分の責任なんだ」と思っていたんです。子どもが4歳にもなって指しゃぶりをしているということは，私の子育てがダメということの象徴だと感じていました。夫に相談しても「気にしすぎ」と言われてしまうだけなので，気になる自分がダメなんだと思って，どうしたらいいのかわからない状態でした。

大河原：そうでしたね。最初は，あまりにもご自分を否定される気持ちが強くて……ご自身が小中学校時代に不登校だったということが原因だというストーリーがしっかりとできあがっていましたね。

Cさん：小学校低学年のころから，学校に行くのがいやだったという記憶があって，それでも3年生くらいまでは通っていたんですけど，3年生の2学期に女子のグループの中での仲間はずれがあって，まあ，いじめがエスカレートしていって，学校に行けなくなったんです。当時，不登校の初期のころは，けっこう両親に叱られましたし，私が学校に行かないことで，母はいつも泣いていたので「自分はすごく悪いことをしているんだ」と思っていました。それで，いつまでも休んでいてはいけないと思って，5年生からは登校しましたが，「いつまた，いじめられるようになるのかわからない」と思って怖くて，今度は，けっこういじめる側になっていたんです。で，いじめていた子が不登校になったりして，今度は，「どうしていじめたんだ」ってことで，先生たちからもすごく叱られたし，そのときも，「自分はすごく悪い人間なんだ」っ

第1章　母たちの物語　31

てしみじみ思ったのを覚えています。そんなこんなで，中学は3年間まったく登校しませんでした。家にいると母が悲しむので，適応指導教室にはぼちぼち行って……高校はサポート校に行って，通信制高校をなんとか卒業しました。高校卒業後は専門学校に行って，保育士になって，3年働いて，結婚してやめました。

　両親は，「登校を無理じいしても無理なんだ」ということをわかってくれるようになってからは，不登校を叱りはしませんでしたが，子どものころは「自分が両親を不幸にしている」という感じをずっともっていました。保育の勉強をするようになってからは，もっと母に甘えたかった，母にわかってもらいたかったという思いが強くなっていたので，自分の子どもにはそんな思いはさせたくないと思って，結婚後，仕事はやめたんです。自分の子どもの子育てをちゃんとやろうと思って，子どもにはさみしい思いはさせたくないと思っていたんです。

　保育士として働いていたころ「年中以上になっても指しゃぶりしている子は親がちゃんと愛情をそそいでいない」っていうふうにとらえる雰囲気があったので，自分の子が指しゃぶりしているのをみると，怒りを止められなくなっていきました。子どもに愛情をそそぐために仕事をやめて子育てに専念しているのに，「どうして，親に恥をかかせるの！」という気持ちでした。指しゃぶりとかは個人差もあるから，あまり注目しすぎないほうが自然に治るということも知っていたので，結局，問題は「指しゃぶりごときにこんなに怒りを止められなくなる自分」ってことで，それは結局，自分が「不登校児というダメ人間だからなんだ」と思い込んでいました。

大河原：最初，どんなにご自分がダメな人間なのかってことを，一生懸命ご説明くださるというような感じでしたよね。一般的には，そんなふうに語られると，面接者のほうも，「不登校をめぐる過去が

原因だ」と一緒に思い込んでしまうだろうなと思いました。

Cさん：そうなんです。だから，保健師さんとか，子ども家庭支援センターの相談員の方たちに相談したこともあったのですが，みなさん，私の話をそのまま信じてくださって，受け止めてはくださるのだけど，結局，私は話せば話すほど，やっぱり不登校してきた私がダメ人間だから，子育てがうまくできないんだと思う気持ちが強まっていました。

〔**解説**〕EMDR療法を行う立場からすると，この「私はダメ人間だ」という認識が，出来事（子育てに苦労していること）に対する否定的認知（NC）にあたるものになるととらえます。それが「事実」なのではなく，「そういうふうに自分を規定していること」が，問題に影響しているととらえます。「不登校」をめぐる過去の出来事が，どのように実際に現在に影響をもたらしているのかということは，「この話だけでは，まだまったくわからない」ととらえることができる専門性が，援助者側には求められます。

　子育て困難を主訴とした事例にEMDR療法を実施する場合には，子どもの言動によって母の側に引き起こされる身体感覚と負情動に焦点をあてて，それをターゲットとします（第2章の図15-②・106頁）。「不登校」をめぐる過去の出来事の語りに引っ張られず，子育て困難を主訴として来談しているというクライエントさんのニーズを大事にするのです。第2章で述べますが，EMDR療法を行わない場合であっても，このことは役立ちます。Cさんの場合，「指しゃぶり」を見ると，どんなふうに身体が感じるのかということに注目します。

大河原：「指しゃぶり」を見ると，どんな感じになるのかというところからはじめましたね。「指しゃぶり」をイメージすると，頭のうしろから首のあたりが「ぞわーっ」となって，とても不快な感じと

第1章　母たちの物語　33

いうことで，その身体感覚にともなう感情は「怒り」というより「不安」とおっしゃっていました。それは0～10のスケールで4程度のもので，否定的認知（NC）は「私はダメ人間」でした。その状態で，タッピングをはじめたら，頭のうしろから首のあたりの「ぞわーっ」という感じがすごく強まっていって，涙があふれてきましたね。

Cさん：はい。タッピングを受けているうちに，だんだんおさまっていって，それは評価されることの恐怖だったんだと気づきました。小学校のころ，学校に行くといつもこの「頭のうしろから首のあたりがぞわーっとする感じ」を感じていたことを思い出しました。保育士をしていたとき，指しゃぶりしているかどうかで，親の子育ての評価をするみたいなところがあったので，評価を恐れる気持ちの記憶とリンクしていたということがわかりました。

大河原：でもこの段階では，「私はダメ人間」という思いは，変化しなかったんですよね。EMDRのセッションの完了には至りませんでしたから，そこで残ったものを箱にしまう，コンテインメントというイメージを用いた方法で，終了としました。

〔解説〕コンテインメントについては，Fさんの事例の中に説明しました（67-68頁）。

Cさん：でもそのあと，子どもと遊んでいるときには純粋に楽しいと思えることが増えました。それはすごい変化だと感じました。でも，指しゃぶりを見るとイライラすることは，あまり変化しませんでした。

大河原：それで，1ヵ月後に，2回目のEMDR療法を行いました。2回目も「指しゃぶり」の場面をイメージしました。否定的認知（NC）は「私はダメ人間」で，今度は「胸が苦しい」感じがして，

「怒り」がこみあげてきていました。その状態でタッピングをはじめると，お母さんへの怒りに気づいていきましたね。

Ｃさん：母の悲しんでいる顔が浮かんでいましたが，「ああ，この怒りは母への怒りなのだ」ということがわかりました。美以先生に「お母さんに何を言いたいの？」とたずねられたとき，「どうして私の気持ちをわかってくれないの！　私より先に泣いてばかりいて，親として失格でしょ！」という気持ちを吐き出すことができました。そして，急に霧がはれたように気持ちがおちついた感じになりました。最後にもう一度，「指しゃぶり」の場面をイメージしたときには「私はありのままでよい」という肯定的認知（ＰＣ）を実感として感じることができました。

　その後，指しゃぶりの場面については，あまり気にならなくなり，長い目で見ようと自分を説得することができるようになったのですが，「私はダメ人間だ」という思いは，どうしても消えませんでした。

〔**解説**〕Ｃさんの「不登校をしてきた私がダメだから，子どもが指しゃぶりする」という物語は，過去の記憶の漏出（漏れ出ること）によって生じている身体感覚に意味をもたせるために生まれた「物語」といえます。Ｃさんが「不登校」であったということは事実ですが，そのことと「子どもが指しゃぶりする」ことが，どうつながっているのかということは，まだわからないのです。ＥＭＤＲ療法の立場では，「不登校であった」というつらい体験からどのような記憶が漏出している状態にあるのかということに注目します。子どもの言動から引き出される身体感覚に焦点をあてて，両側性刺激を与えていくと，小学校時代，評価されることを恐れていた身体感覚の記憶が漏出していたことがわかり，その身体感覚の記憶が再処理されました。

　２回目では，わが子が不登校になったことで傷つき泣いている実母の姿

第１章　母たちの物語　　35

を見ることで、自分の気持ちを押し殺すしかなかったという「不登校体験」が語られました。そして、親として子どもの気持ちを受け止めてほしかったという願いと実母への怒りを言語化することができました。このように、「不登校だった」という子ども時代の体験が、どのようにその人の人生に影響を与えているのかということは、人によってまったく異なります。子育ては、自分の「育てられ体験」の記憶を常に引っ張り出してくるのです。

　１回目と２回目のEMDR療法で「指しゃぶり」に対するＣさんの反応は改善しましたが、「自分はダメ人間」という徹底的な自己否定感は、依然として残っていました。このようなときには、この否定的認知そのものをターゲットとして進めることができます。

大河原：そこで、３回目のEMDR療法では「私はダメ人間だ」という否
　　　　定的認知そのものをターゲットとして開始することにしました。
Ｃさん：「私はダメ人間だ」と思いながら深呼吸をしていくと、胸が苦し
　　　　くなって、呼吸ができない感じがしました。最初は、なぜなのか、
　　　　まったくわかりませんでした。美以先生がタッピングをしながら
　　　　「そのまま、そこにとどまって」「ここは安全ですよ」と言ってく
　　　　れ、そのまま胸が苦しい感じを感じていたら、とてつもなく、長
　　　　女に申し訳ないという気持ちがあふれてきました。それもなぜな
　　　　のかわかりませんでした。「それはいつごろの感じがします
　　　　か？」と聞かれて、「いつごろ？」って思ったら、妹（次女）を
　　　　出産したときのことだと気づきました。
　　　　　長女が３歳７ヵ月のとき、次女を出産しました。家族での立ち
　　　　会い出産を希望していて、長女にも妹が生まれるという現場を体
　　　　験させたいと思っていたのです。ですが、二度目とはいえ、出産
　　　　なので、やはり私は痛みを訴えて叫ぶことになり、長女に恐怖を
　　　　与えてしまったのではないかと、すごく後悔しました。でもまあ、

出産そのものは一応ふつうに終わって，赤ちゃんをみんなで抱いて，写真を撮ってというところは順調だったのですが，産後３日目に，ちょうど長女も夫と一緒に産院に来ているときに，病室で大出血し，私は意識を失って大病院に搬送されるという事態になってしまったんです。胎盤癒着が見逃されていたとかで，私は生死をさまよう状態だったそうです。命が助かって気づいたとき，長女が私を見ておびえた顔をしたので，私はわが子にとてつもない恐怖を与えてしまった，自分が許せないと思っていました。

大河原：EMDR療法の中で封印されていた記憶が開いたことで「自分自身が生死の危機にある中で，娘に恐怖というトラウマを与えてしまったのではないか」ということで，自分を深く責めていたということがわかったのですよね。Ｃさんのご相談は「不登校児だった私はダメ人間」という強い語りからはじまっていましたから，私自身も「胎盤癒着で生死をさまよった」というビッグＴ（Trauma）の話にはほんとうに驚きました。記憶というものは，じつに不思議な世界です。

Ｃさん：たぶん，私は自分の母にもっと自分のことをわかってもらいたかったという思いが強くあって，娘には絶対にそういう思いをさせたくないと思っていて，それなのに次女の出産のときに，長女の心を自分で傷つけてしまったかもしれないと思うことは，とってもつらくて，記憶から消えていました。ただ，「私はダメ人間だ」という思いだけが，意識にあったのですよね。よく考えると，その前は「指しゃぶり」のことにそんなにこだわっていなかったし，私がこだわるから娘もこだわるということが起こっていたんだと思いました。

　　　　EMDR療法のあと，胎盤癒着が見逃されたのは医療の問題だし，私の責任ではないんだと思えて，命が助かってよかったって心から思えました。

第１章　母たちの物語　　37

大河原：そのあとで，お嬢さんのその体験がトラウマになるのではないか
と心配されていたので，家族みんなでこの出来事についてちゃん
と話をする時間をもつということをお願いしました。「怖かった
こと」を「なかったこと」にしないで，「これは怖かったことな
んだ」とちゃんと意味づけ，それにより，「今は終わっている」
ということを意識させることが，トラウマの予防になります。

Cさん：はい。ちょうど，妹の1歳の誕生日，この事件から1年を迎える
ときでしたので，誕生日を迎えるにあたって，このことについて
家族でちゃんと話をしました。私の記憶から消えていたくらいな
ので，これまで，夫も含めて，この話には誰もふれていませんで
した。夫とはこのセラピー後に話し，私が意識を失っていた間の
ことをはじめて聞きました。案の定，娘はすごく「いい子」で，
まったくぐずったり泣いたりせず，静かにしていたということで
した。祖父母たちもパニックで，夫も，このまま私が死んでしま
うのではないかという恐怖で，何も考えられなかったと，涙ぐみ
ながら話してくれました。そして，ほんとうに生還できてよかっ
たと喜び合うことができました。そして夫とともに，娘を抱きな
がら，何が起っていたのかということを説明し，それはとっても
怖かったこと，怖いと思っても大丈夫だということ，でも今はも
う安全だということを話しました。そして，妹の1歳を祝うとと
もに，みんなつらかったけど，今は大丈夫ということを祝いまし
た。毎年，みんなの無事を祝う日にしたいと思います。このこと
で，娘はすごく「いい子」になって我慢したのだから，今，甘え
ん坊で指しゃぶりくらいしても，余裕で許せるくらいの気持ちが
生まれました。私が指しゃぶりにこだわらなくなって，それから
半年から1年くらいで，いつのまにかなくなっていました。

〔解説〕Cさんは，次女の出産時に死の危機に瀕していました。これは生

死に関わる出来事であるため，ビッグＴ（Trauma）といえる出来事ですが，人には「つらすぎる記憶」は忘れるという防衛が備わっているため，生育歴聴取の段階で語られることはありませんでした。EMDR療法では，ターゲットとする認知・身体感覚・感情などに焦点をあて，そこから喚起されてきた身体感覚や感情にとどまることを励ますことで，忘れていた記憶にアクセスすることを可能にします。Ｃさんは，娘を深く愛しているからこそ，自分が娘に恐怖を与えたかもしれないという出来事は，親が自分にしたことと同じなのではないかという思いと重なって，認めがたい出来事となり，その記憶は封印されていたのです。

　恐怖の出来事がトラウマとなるかどうかということに大きな影響を与えるのは，そこで生じた感情が当然のものとして周囲の大人から承認されるのか，もっていてはいけない感情として扱われるのかということです。親がその記憶を封印し，一切ふれないとしたら，子どもはそこで感じた恐怖はもってはいけない感情として認識することになります。よって，母が次女を出産したときに「恐ろしいことがあった」ということ，「それは恐ろしいことだったのだ」と親が認め，子どもとそれを共有するということは，恐怖がトラウマにならないために重要な関わりとなります。

　何がどうトラウマになっているのかというその形は，人それぞれで，専門家が思い描くトラウマ像とは異なることがたくさんあります（第３章）。

5．Ｄさん（34歳）の事例（一人息子３歳３ヵ月）
──愛する息子への「いじわる」と自分自身の出生時の記憶

大河原：Ｄさんは「子どもが私のせいで自閉症になってしまったんです」
　　　　とおっしゃって，相談を申し込まれました。

Ｄさん：はい。２歳半くらいのころに，子どもがまったく私の言うことを
　　　　聞かなくて，勝手に家の鍵をあけて１人で外に出ていってしまう
　　　　っていうことを小児科の先生に相談したら，「まだはっきりわか

らないけど，自閉症なのかもしれない」って言われたんです。自閉症についていろいろ調べたんですけど，そういうことではなくて，これは絶対，私のせいで起こっていることだって思ったんです。子どもを叩いたりはしていないんですけど……時々，自分の中からいじわるな気持ちがすごく出てきてしまって，子どもが何を求めているのかわかっているのにわざと知らないふりをしてやらないとか，途中で意見を変えていかにも子どもが混乱するような，わざとそういう「いじめ」みたいなことをしてしまっていました。だから，こんなことをしていたら，心を閉じておかしくなってしまうのは当たり前だと思いました。夫は，わりと安定して子どもと関わってくれるので，自分だけうまくできないって落ち込んでしまって……。

大河原：わが子をこんなにも愛しているのに，それなのにわが子をいじめてしまうということで，困っておいでになったのですよね。

Dさん：そうなんです。子どもをすごくかわいいと思えるし，少しくらい泣かれてもよしよしできるときもあるのに，すごく子どもっぽい気持ちになって，なんでこんなことしなくちゃいけないんだろうってイライラして，子どもにわざといじわるしちゃうので。自分でもすごく子どもっぽいって思うんですけど，コントロールできなくて。

　子どももそれに反応しているのか，私と目を合わせてちゃんとコミュニケーションできて，甘えてきてくれるときもあるし，そういうときはちゃんと言うことを聞けるんです。「はみがきしたら一緒にテレビ見ようね」とか話が通じて，ちゃんとはみがきしてくれたり。だけど，私がイライラしはじめると，まったく目を合わさなくて，何を言っても聞いていない感じになって，そういうときに，勝手に玄関に椅子をもっていって，高いところにある鍵をあけて，1人で外に出ていっちゃったりするときもあって，

だから，小児科の先生は自閉症って言いましたけど，そうじゃなくて「私のせい」なんだって思ったんです。保育園では，できないことがあったり，不安になったりすると，「固まって動かなくなる」って言われます。

〔解説〕このDさんの語りには，Dさんの中に２つの自我状態が存在することが示されています。わが子をかわいいと思っている「母としての私」と，わが子にいじわるをする「子どもっぽい私」です。Dさんはこの２つのモードの間を，行ったり来たりする状態に陥っています。この状態を改善するためには，自我状態間の対話をうながしながら，両側性刺激を入れることで，EMDR療法への準備を行います。

　母がこのようにモードがスイッチする状態にあると，おのずと，子どももそれに合わせた適応をするようになるので，子どもにも２つのモードができるようになります。愛してくれる母がいじわるをするという状況に，子どもは適応できないので，解離の防衛が作動し，無意識に自我を２つにわけることで，母に適応するようになるのです。母がいじわるモードに入っているときには，子どもは心を閉じて適応するという方略を身につけてしまったのでしょう。

　ゆえに，子どもの解離を止めるためには，母への心理治療を早急に行うことが必要になります。この環境下で子どもが育つことは，子どもの解離を育てることになります。

　Dさんは，自分の中で２つのモードの統制がとれない感じになっていることを自覚できて，相談においでになったのですが，実際には，そのこと自体を認識できないことがほとんどです。認識していないのだけれど，そういうことが起こっているということは意外と多いのです。このことは，後述しますが，日本人特有の解離という問題と深く関係しており，妊娠・出産によって幼いときの記憶が開くという現象とセットになって，子育て困難，不適切な養育環境というものを知らず知らずに生み出してしまいま

す。

大河原：最初に，Dさんが子育てをつらいと感じるようになったのはいつ
　　　　からでしたか？

Dさん：出産はとても順調だったんです。妊娠中も順調でしたし，出産は
　　　　まあふつうに大変でしたけど，一応安産ってことで，子どもの体
　　　　重も平均的で，特に産後に病気とかもなく……。

　　　　　里帰り出産したんですけど，病院を退院して実家に帰ってから
　　　　ですね……ただ子どもが寝ているだけでも，息をしているのかと
　　　　か心配になっちゃって，静かにしていると生きているのかどうか
　　　　を確認しなくちゃっていう気分になって，それで，自分もすごく
　　　　寝不足になって，そこからなんかおかしくなりました。

　　　　　実家から自宅に帰って，1人で育児するようになってからは，
　　　　家事と育児でパニックになってしまうことも多かったです。夫は
　　　　やさしい人なので，夜帰ってきたときに，ご飯もできてなくて，
　　　　洗濯物があふれていても，何も言わずに手伝ってくれたりしたの
　　　　で，なんとか乗り切ってこられたんです。

大河原：Dさんの場合，出産後，お子さんにもお母さんにも健康上の問題
　　　　はなかったにもかかわらず，非常に過敏に，お子さんのことが心
　　　　配で心配でたまらないという状態に陥ったということなのですよ
　　　　ね。

　　　　　私は，この話をお聴きして，まず，Dさんご自身が生まれたと
　　　　きからのことを詳細に知りたいと思いました。産後の心情という
　　　　ものには，ご自身が生まれたときの記憶が無意識のうちに漏出し
　　　　ているという問題が反映されていることが多いからです。

Dさん：実母の話によると，姉が生まれたあと，ミルクで育てていたので，
　　　　5ヵ月くらいで，産後の生理がくる前に私を妊娠してしまったと
　　　　いうことで，妊娠していることに気づくのも遅れて，「堕ろす」

のかどうか迷った末に産んだということでした。私を妊娠中，母は，妊娠中毒症（妊娠高血圧症候群）で調子が悪く，帝王切開だったようです。3800gと大きかったので。

　そのことは，高校生のころに聞いていました。そのときは，何かで叱られて，親は「こんなに苦労して産んだのに」っていうことを私に伝えようとして，その話をしたのだと思います。当時は，反抗的な気持ちもあって，この話を深くとらえていなかったのですが，実際に自分が妊娠してみると，「堕ろす」のかどうか迷うということは，すごく恐ろしいことだと感じました。

　結局，私は姉が1歳4ヵ月のときに生まれて，私の乳児期の写真はほとんどないんです。最初の写真が4ヵ月のときのもので，姉のとなりにちょっと写っている程度。母は，姉の世話で忙しくて，私はずっと「おまけ」だったんだと思います。もちろんすべてのものが姉のお古でした。新しいものを買ってもらったことはありませんでした。

　幼稚園のころはずっと泣いていた記憶しかなくて，泣いてばかりいて言うことを聞けないと，母にはよく「げんこつ」をされた記憶があります。父は育児にはノータッチでした。

　私は，指しゃぶりをやめた記憶が10歳なので，ずっと指をしゃぶっていたんだと思います。小学校で「二分の一成人式」をしたときに，自分で指しゃぶりはおかしいと思って努力してやめた記憶があります。それを思うと，ずっとさみしかったんだろうなって思います。ふつう指しゃぶりって，意識的にやめるものではないと思うんですが，私は自分の意志でやめたので，それはそれでおかしいことですよね。それだけ長く放置されていたんだと思います。

〔解説〕「胎教にはモーツアルトがいい」というような話は有名ですが，実

際，赤ちゃんの聴覚はお腹の中にいるときから発達していて，外界の音に影響を受けています。EMDR療法を行っていると，お母さん自身が妊娠・出産を心待ちにしているのか，堕ろしたいと思っていたのかというような心理的な状況も，胎児に影響を与えていると感じることがたくさんあります。

　妊娠期からはじまる早期トラウマは，言葉による記憶（顕在記憶）とは異なる性質をもつ潜在記憶として保管されています。それは言葉のない感覚的・身体的な記憶です。サンドラ・ポールセンのET（Early Trauma：早期トラウマ）アプローチは，この妊娠中の胎児期からの早期トラウマ（潜在記憶）の再処理を行う方法論です。Dさんとは，このETアプローチを行うことにしました（サンドラ・ポールセンの『言葉がない時』はETアプローチの教科書です）（第3章）。

大河原：まず，ETアプローチに入る前に，Dさんの中の2つのモードに対話するよう働きかけました。Dさんには，「お母さんとしての私」と「いじわるをする子どもっぽい私」がいたのですよね。

Dさん：はい。美以先生から，心の中に「ベンチを思い浮かべて」と言われて，気持ちのいい風が吹いている木陰のベンチをイメージしました。そこに2人で座ってと言われて，深く呼吸をしながら，イメージしてみましたが，お母さんの私しか座ってくれませんでした。いじわるをする子どもは，心の中にいる感じはわかるのですが，出てきませんでした。

大河原：私は「そのままで」と言って，「いじわるをするちっちゃい子も，美以先生の声を聞いてくれているかな？」と言いました。

Dさん：ベンチには座ってくれないのだけど，聞いている感じはわかりました。

大河原：それでいいんです。そして，こんな話をしました。お母さんのあなたは，心の中のちっちゃい子が出てきていじわるをしたという

ことにあとで気づくと，心の中で「どうしてそんなことする
の！」「私の赤ちゃんにいじわるしないで」って怒っていました
よね。でもそう言われると，いじわるをするちっちゃい子は，す
ごく悲しい気持ちになって，隠れてしまうんですよね。実は，い
じわるをするちっちゃい子は，ずっとあなたを助けてくれていた
存在なんですよ……という話をすると，お母さんのあなたはびっ
くりしていましたね。

Ｄさん：すごくびっくりしました。だって，そういうふうに聞いたとき，
心の中でいじわるをするちっちゃい子が，「そうだよ」って言っ
て出てきたからです。イメージってすごく不思議で，呼吸をしな
がらイメージしているだけなんですが，なんだか，「そうなんだ，
私の分身だったんだ」って感じがしてきて，涙があふれてきまし
た。「その子は何歳くらい？」と聞かれて，心の中で感じてみる
と，２歳とか３歳とか４歳とか……すごく小さいんです。すごく
小さい私が，ベンチのとなりに座っていて，こんなに小さいんだ
って思ったら，自然にいとおしくなっていました。

大河原：おそらく，あなた自身が，指しゃぶりしながらさみしさに耐えて
いい子になっていた幼児期に，いやな気持ちを切り離して抱えて
くれていたモード（自我状態）なのでしょう。そこで，私は
「『あなたが幼いときにつらかったことは何？』と聞かれたら，何
が思い浮かびますか？」とたずねて，タッピングをしていきまし
た。

Ｄさん：保育園でも，いつもできないことが多かったなぁということが思
い浮かんで，のどが苦しいというか，つまったような感じがして
苦しくなりました。いつも泣いていた感じ，その泣いているとき
の，１人で泣きやまなくちゃいけないという感じの，のどが苦し
い感じだと思いました。のどの苦しさは，最初は４くらいでした
が，10くらい苦しくなって……家では，いつも，何か失敗すると

第1章　母たちの物語　45

叱られて，げんこつだったということ，一度，ゴルフのまねをしてガラスを割ってしまったときには，父に殴られてものすごく叱られたという記憶も思い出していました。そして，だんだんおさまっていきました。

大河原：のどの苦しさがとれて，脱感作と記憶の再処理が進み，私が「心の中で泣いている小さい子を抱きしめて」とお願いしたとき，あなたは一気に号泣しましたね。

Ｄさん：こんなにつらい気持ちを抱えていた自分を，私はずっと「あっち行って！　来ないで！」と遠ざけようとしてきていたんです。「ほんとうにごめんね，もう大丈夫」という気持ちで抱きしめることができました。そのとき，一気に理解できたんです。いじわるしていたのは，私の中の小さな子が「やきもち」をやいていたんだって。私はおちついているときには，子どもが泣いてもちゃんと抱きしめてやることができていたので，そこは私の母親とは違うんです。私，ちゃんと子どもをかわいいと思って子育てしているので。だけど，ずっと我慢してきた小さい私は，ほんとうにうらやましかったんですね。だから，いじわるモードになってたんです。それがなんだかわかった感じがしたんです。

大河原：心の中の自我状態が統合されるというのは，まさにそういう感じなのです。

〔解説〕Ｄさんの場合は，日常生活の中で２つの自我状態がスイッチして困っているという状態でした。ネガティヴな自我状態が出てくると，適応的な自我状態が自己嫌悪に陥るというパターンはとても典型的な悪循環です。ネガティヴな自我状態は，Ｄさんの場合は「わが子にいじわるをする」モードでしたが，暴力をふるったり，暴言を吐いたりするモードであることも多いです。その場合，心の中では，なんとか「不快感情モード」にならないように，いつも「適応モード」でいられるようにしようと努力

46

をするわけですが，その常識的な努力が悪循環を生んでしまうことになります。なぜなら，そもそも「適応モード」が適応できるように，「適応モード」を助けるために，不快感情を「適応モード」から切り離してできたのが「不快感情モード」だからです。そして「適応モード」が困るような事態になれば，「不快感情モード」が前面に出て，「適応モード」を助けるということが，「不快感情モード」の役割なのです。つまり「適応モード」が，疲れたり，不快を感じたりすれば，「不快感情モード」が登場して守ってくれるのです。この構図をよく理解しておくと，援助者自身が「不快感情モード」を排除しようとして，どんどん悪循環に陥るということを避けることができます。「適応モード」が「不快感情モード」の存在に感謝することができると，統合が進みます。第2章に詳しく解説しました（図17・113頁）。

大河原：2つの自我状態がつながることができたので，次に，ETアプローチを行っていきました。

〔解説〕ETアプローチ（ポールセン，2018）は，妊娠中から出産，新生児期と，時間枠を決めて，イメージし，そこでわきあがる感覚的な漠然とした反応や身体感覚などに焦点をあてます。そこでわきあがってくる感覚を，言葉をもつ以前の潜在記憶の漏出であるとみなして，記憶の再処理を行うという方法です。下記に述べる「時間枠統合」の前に「情動回路のリセット」を行うことが必要とされています。Dさんの場合も情動回路のリセット作業をスムーズに終了してから，時間枠統合に入りました（第3章・137-140頁）。

Dさん：妊娠中ということを思って，深く呼吸をしながら，自分が母のお腹にいたときどんなだったのかなって想像しているうちに，すごく居心地が悪い感じがしてきました。背中側とお腹側で騒音が聞

こえて，すごくうるさい感じがして，全身がぞわぞわする感じで，とにかく「不快な感じ」でした。タッピングしてもらっているうちに，おさまっていきました。

　そのあとで出産に焦点をあてたときは，なんだか急に軽い感じになって，うれしいような「あーあ」というような，そんな感じがしました。

大河原：妊娠中の「不快な感じ」は，妊娠中毒症状態にある子宮の中にいる赤ちゃんの体験と一致するのでしょう。「急に軽い感じになって，うれしいような『あーあ』というような」感じは，帝王切開を受けた赤ちゃん側の体験なのでしょう。ほんとうに身体感覚としての記憶というのには驚かされます。でもそのあとの，乳児期に焦点をあてたとき，さらに記憶の不思議を教えられました。

Ｄさん：ほんとうにまったく認識されていなかった記憶とつながりました。まず，出産後の写真がなかったので，残っている４ヵ月のときの写真のイメージをたよりに，赤ちゃんのときの自分をイメージしたんです。呼吸をしながらタッピングしてもらっているうちに，身体がとってもあったかい感じがしてきて，それは茶色のやわらかいイメージでした。そして，そのあったかい感じは「祖母だ」ということに気づきました。母は忙しかったので，同居していた祖母が私の面倒をみていたと聞いたことがあることを思い出しました。もちろんそのことは，直接は覚えていないんですけど，私は祖母がずっと大好きでした。小学校のころもよくこたつの中で遊んでもらいました。母が，姉ばかりを大事に思っていて，自分のことはおまけ扱いだったという思いがこれまでの中心的な記憶で，いつもそのさみしさとか欲求不満とかがあったんですけど，学校でいやなことがあると祖母に聞いてもらっていたということを思い出しました。

大河原：乳児期の記憶に焦点をあてたとき，そこで出てきたのは，あたた

かい身体感覚だったのですよね。あなたは乳児期に祖母にしっかりお世話をされていたということ。そういうポジティヴな記憶が現れるという形で，記憶の再処理が行われたのです。

　あなた自身が出産したあと，お子さんが生きているかどうかということが過度に不安になったときには，あなた自身の妊娠・出産の潜在記憶が無意識に漏出していたのでしょう。得体の知れない不快と不安でいっぱいになったのだと思います。でも，あなた自身は，祖母からきちんと大事にケアされて育っていた。祖母が育児の記憶を残してくれていたのですよね。

Ｄさん：ずっと，私は愛されなかったのではないか，だから，育児がうまくいかなくて，子どもがおかしくなってしまっているのではないかと自信がなかったんですけど，祖母はちゃんと私をみてくれていたということがわかって，ほんとうに自信になりました。私はおちついているときには，ちゃんとできると感じていたので，それは祖母のおかげだったんですね。

　EMDR療法をしてもらってからは，自分の中のいじわるモードも出てこないようになって，子どもに一貫した安定した態度をとることができるようになりました。

大河原：Ｄさんが安定した関わりができるようになってから，お子さんと一緒においでいただきました。私のところでは，お母さんに抱っこしてもらいながら，歌を歌ってもらい，その状態でタッピングするということを何度か行いました。安心感・安全感を強化するという関わりです。

Ｄさん：最初は，なかなか私の膝の上でおちついて抱っこされているというのも難しかったのですが，だんだんおちついて座って，一緒に歌を歌って楽しめるようになりました。そしたら，赤ちゃんがえりして，「ぐずぐず」が増えたりもしましたが，１年くらいたったころから，保育園でも，ふつうの子のように，泣いたり怒った

第1章　母たちの物語　49

り感情を出すことができるようになってきて，「固まる」という反応もなくなりました。

大河原：お母さんの自我状態が統合されて，一貫した関わりができるようになると，お子さんはちゃんと回復していくのです。

6．Eさん（45歳）の事例（一人息子4歳8ヵ月）
──低出生体重と母の子ども時代の失敗の記憶

大河原：Eさんは，4歳のお子さんが幼稚園でお友だちの首を絞めてしまったということで，とてもとても困っておられました。Eさんはほんとうにつらそうでした。

Eさん：あのころはほんとうに地獄のように思っていました。毎日かみついたり，首を絞めたりで，先生から報告を受けて，お友だちのお母さんたちにお詫びの電話を入るように言われて，何度も何度も繰り返して，相手の方からもとても冷たい言い方で批判されるので，死んでしまいたいと思う毎日でした。

大河原：いろんなところにご相談に行かれていましたね。

Eさん：あちこち行きました。相談に行くたびに，いろいろなことを言われました。ADHDで，自閉症で，愛着障害。小さく産まれた子なので，障害が残るのかなと心配していたので，ADHDとか自閉症とかはあるのかもしれないと思いましたが，愛着障害と言われたのはつらかったです。こんなに一生懸命子どものためにやってきているのに，私が原因だってことですから。それで，一時期は，子どもと一緒に死のうか……とまで思いました。大きくなるにつれて，家でもまったく言うことを聞かなくなって，何かちょっとでも思いどおりにならないと，パニックで，足をバタバタして暴れて，私のことも叩いてくるので，私も叩き返して，2人でスイッチが入るともうどうにもならなくて，殺してしまうかもし

50

れないとさえ思っていました。

大河原：お子さんは早産で，そのために"未熟児"（低出生体重児）の状態で，生後すぐに手術の体験もありましたね。

Eさん：結婚してから3年くらいしても妊娠できなくて，とにかく夫の実家から男子を産んでほしいというプレッシャーがすごくて……不妊治療で授かりました。高齢出産だったので，妊娠中も私の体調も悪くて，結局33週の早産になってしまい，体重も1600gと小さかったんです。

　男子だったので，姑はとても喜んでいましたが，小さいということで，暗に責められている気持ちでした。「小さくて大丈夫？」と何度も言われるたびに，小さく産んだのは私の失敗と責められているように感じていました。

　出産後はNICUに2ヵ月入院して，鼠径ヘルニアもあって，生後50日目に手術しましたが，それが失敗だったみたいで，半年後に再手術しました。息子が痛い思いをするのも，すべて私が小さくしか産めなかったからだと思っていて，未熟児，低出生体重児という言葉を聞くだけでつらかったです。

大河原：妊娠・出産・育児というはじめてのことだらけの期間に，とても大きな心配がずっと続いていたのですね。

Eさん：はい。それで，ようやくおちついてきたところで，1歳3ヵ月のころから，何か欲求不満のような状態になると，自分で床に頭をぶつける自傷行為をするようになったんです。理由がわからないこともたくさんあって，抱こうとしても，のけぞってしまって抱くこともできず，何も通じませんでした。

　児童館に遊びに行ったときにも，言うことを聞かなくて，その様子を見ていた児童館の先生が「男の子なんだから，しっかり叩いて，言うことを聞かないとダメということをわからせたらいいんだよ」と言ったんです。あまりにも私が右往左往して，子ども

第1章　母たちの物語　51

に振りまわされている状態だったからなのかもしれませんが，他人はビシッとしつけられない母を「ダメな母だ」とみなすのだということを強く感じた体験でした。

　それからは，「叩いてでも子どもに言うことを聞かせなくちゃいけない」と思うようになり，叩いてしつけることに必死になっていました。だから，幼稚園でかみついたり首を絞めたりするようになったのは，叩いて育ててきた私の責任なんだ思っていました。愛着障害って言われたとき，全部，私の責任って言われていると思いました。

〔**解説**〕１歳台の子どもが，頭を「ごんごん」壁や床にぶつけるなどの自傷行為をするときには，赤ちゃんなりに「こうしなければならない」ということと「こうしたい」ということとの葛藤が生じている状態にあります。通常，この月齢の子どもは「こうしたい」だけでよい月齢です。「こうしなければならない」に対応できる月齢ではありません。しかし，赤ちゃんが「こうしたい」という欲求だけに身を任せて，泣きわめいたときに，親が困惑したり，悲しんだり，あるいは叱責したりすると，赤ちゃんの側にみずから「こうしなければならない」が生じることになります。しかし，まだ，発達段階として自己制御できる月齢ではないので，パニックになって，自傷行為が生じます。

　Ｅさんの場合は，乳児期に手術などの体験を通して，「こうしなければならない」を多く体験してしまった赤ちゃんが，「こうしたい」「こうしたい」「こうしたい」という思いがあふれてきたときに，対処できなくなって，パニックになったものであろうと思われます。後述するように，この子は「水を飲みたい」という基本的欲求が満たされないことで苦しんでいたということが，後にセラピーを通してわかりました。

　このようなときには，親の腕の中で安心して泣き，そして抱かれながら泣きやむということができるように支援する必要があります。赤ちゃんの

発達のために必要なことは，身体の欲求のままにいても安心だという体験を重ねること，腕に抱かれて泣きやむことができることなのです。その根拠は，第2章で紹介するポリヴェーガル理論（97頁）にあります。Eさんの児童館での体験のように，たとえ赤ちゃんであっても「自由気ままに泣きわめくことはわがままだ」と考える風潮があるとしたら，それはきわめて重大な間違いです。

大河原：最初おいでになったとき，これまでのお話をお聴きする中で，ほんとうに大変なことがいっぱいありすぎて，どこからどうすればいいのっていう感じでした。ですが，私は，まず今は4歳8ヵ月になっているわけですので，「今」，家でお母さんとぶつかる場面について，具体的にお聴きするところからはじめました。今の日常生活の中で困っていることに焦点をあてないと，生活がまわらないからです。

Eさん：その当時の状況というのは，たとえば，レゴブロックで作りたいものがあって，1人で遊んでいても，思いどおりにいかなくなると，イライラして，ブロックを投げたり，ガンガンとぶつけたりしはじめるんです。そうすると，私もスイッチが入る感じで，キレてしまって怒ると，息子が私に暴力をふるってくるという感じを繰り返していました。ちょっとレゴで思いどおりにならないくらいでそんなにイライラしていたら，幼稚園でまた問題を起こすんじゃないかっていう不安が常にあって，私の怒りにつながっていました。

大河原：母親のわが子に対する怒りというものは，多くの場合，わが子に対する大きな不安から生じているものです。ここで重要なのは，こういった親子のトラブルがどういうふうに終わっているのかという情報です。そこで，2人で叩き合いになったあと「どんなふうにして終わるんですか？」とたずねました。

第1章　母たちの物語　53

Eさん：夫がいるときは，夫が早めに間に入ってくれるので，私は少し離れてクールダウンするようにしています。夫がいないときは，これ以上いったら大変なことになると思って，私が庭に出たり，部屋にこもったりして，距離をとるようにしていますが，結局は子どもが「ママ，ママ」と泣いてくるので，最後は抱っこして終わるという感じになります。

〔解説〕親子のトラブルがどのようにして終わるのかということについての情報を聞き取ることは，とても重要です。子どもがかんしゃくを起こした場合，親がおちついて一定の枠を示したうえで待つという関わりが役に立ちます。かんしゃくには登り坂と下り坂があり，ピーク（頂上）があるのです。登り坂を上昇中のときには，何を言っても徒労に終わります。登り坂のときは，ピークに達するまでは，安全な環境を確保したうえで，待つという関わりが有効です。ピークを過ぎ，下り坂に入ると，子どもはSOSを出してきます。多くの場合が「ママ抱っこ」です。「ママ抱っこ」が出たら，子どもが求めているわけですから，抱きやすい状態になっており，子どもが親の腕の中で自分の気持ちをおさめようとしているという段階に入ります。ここで，抱っこして，母の腕の中で泣きやむという体験を重ねることが，愛着を修復し，脳の中の感情コントロールの回路を育てることにつながります。

　Eさんは，自分の関わりに絶望的な気持ちを抱えておられましたが，でも，ちゃんと「最後は抱っこして終わる」ということができていたのです。援助者がここに着目して，「子どもがちゃんと母の腕の中でおさまろうとしているということ」，それは愛着形成ができているということであると気づくことが，修復のプロセスを支えるためにとても重要な関わりになります。

大河原：EMDR療法を行う前の準備段階として，Eさん自身の安心・安全

な状態を強化するために，私は「あなたがおちつける色は何ですか？」とたずねました。「安心・安全を感じられるときはどんなときですか？」と聞くこともできたのですが，そうお聞きしたら，「ないです」という言葉が返ってきそうな気がしていたので，色でお聞きしました。

Eさん：確かに。当時，安心・安全を感じられるときなんてまったくなかったです。でも「おちつける色？」と聞かれたときに，思い浮かんだのは「サーモンピンク」でした。ゆっくり呼吸しながら，「おちつける色？　サーモンピンク……夕焼けのピンク」というのが浮かんで，1人でゆっくり夕焼けを眺めている感じがしてきました。その状態でタッピングをしてもらっていると，ほんとうにおちついた気持ちになっていくのがわかりました。

大河原：その状態で，お子さんがレゴブロックでパニックになっている場面を思い出していただいたら，すぐに身体が苦しい状態になりました。

Eさん：イメージしただけなのに，呼吸ができなくなって，肩が固まって動けなくなる感じがしました。イメージしただけでこんなに苦しくなるということにびっくりしたんですけど，美以先生から，それは「あなたの脳の中に保存されている記憶がうまく処理されていないから起こっていることで，その記憶を再処理すれば反応しなくなることができる」って説明されて，「へえ……そうなのか……」と少し希望がもてる感じがしました。

〔解説〕目の前の子どもの言動に対してカッとなってしまうと，あとで自責の念にかられて，「自分の人格の問題」なのではないかと思って苦しむということが一般的です。しかし，目の前に子どもがいるわけではない状況で，頭の中で想像しただけでも，身体に同じ反応が起こるということを体験して，そのことを意識してもらうと，問題は「自分の脳の中で勝手に

反応が起こっているということ」なのだと受け入れやすくなります。私の経験からは，このことを理解してもらうことで，気持ちが軽くなる方が多いですし，「記憶の再処理」という治療を受けることへの動機づけになるように感じています。子どもの言動により母の身体が苦しい状態に陥ってしまうことが，解決しなければならない問題なのです。

Eさん：そのあと「苦しい身体を感じたままでいて」と指示されて，そのまま呼吸を続けて，もう一度，サーモンピンクを思い出すようにと言われて，タッピングしてもらいながら，心の中で夕焼けを見ていると，少しだけおちつきました。私は最初，１人で夕焼けを見ているとおちつくという感じがしたのですが，美以先生に，そこで「となりに誰か一緒に夕焼けを見てくれる人がいるとしたら？」と言われて，そしたらすぐに「夫」と思いました。夫が横にいてくれて，一緒に夕焼けを見ているところを想像すると，涙があふれてきて，ここまで大変だったけど，けんかもしたけど，支えてもらってきたなぁということを思い出しました。

大河原：そのご主人に支えられているという安心感を得ている状態で，自分で両側性刺激を与える方法を行ってもらいました。バタフライハグといわれている，セルフタッピングの方法です。自宅で不安定な気分になったときなどに，自分で自分をおちつかせるために使ってもらうための方法として，教えています。

Eさん：確かにその後，呼吸をしながら夕焼けを思い出してセルフタッピングをするということを，朝晩やっていました。その後の１ヵ月の間は，幼稚園でかみついたトラブルは３回だけだったので，回数は激減しました。私がおちつくことが大事なんだということをあらためて感じました。

大河原：このあと，３回目においでになったときに，Eさんへの最初のEMDR療法を行いました。最近Eさん自身が「カッとなった場

面」をターゲットとして扱いました。

Eさん：子どもを喜ばせようと思って，一生懸命折り紙の本を見ながらカブトムシを作ったのに，こんなのカブトムシじゃないってかんしゃくを起こされたときのことでした。頭ではわかっていても，そこでかんしゃくを起こされると，耐えられない気持ちに陥ってしまっていました。このときの状況にともなう否定的認知（NC）は，「私は失敗した」というものでした。怒りが胸からあふれてくる感じでした。

大河原：その状態でタッピングを行っていくと，すぐにおちついた状態に戻りました。とても早くすぐにおさまったので「『おちつけるあなた』と『パニックになるあなた』がいますね」と，自我状態を確認する質問をしました。

〔**解説**〕両側性刺激による脱感作と再処理のプロセスに入ってすぐに，SUD（Subjective Unit of Disturbances：主観的障害単位）が下がって，あたかも処理が終わったかのようにおちつく場合には，複数の自我状態が機能しているのかもしれないと考えます。両側性刺激によって，EP（不快感情モード）がANP（適応モード）にシフトしたという可能性があります。この場合，自我状態療法の視点を取り入れながらEMDR療法を行っていきますが，コツはセラピストがEP（不快感情モード）の存在理由を肯定するということになります（第2章・第3章）。

Eさん：そう聞かれたとき，私のうしろのほうにパニックになっている自分がいるのがわかりました。美以先生が「パニックになっているあなたも，私の声を聞いていてくれるかしら？」と言ったとき「聞いているよ」って，心の中で感じました。

　　　美以先生に「そのまま，お子さんがこんなのカブトムシじゃないって怒ったときのことを思って，右手に『おちついている自

分』，左手に『パニックになっている自分』を置いて」と言われて，タッピングをしてもらっていると，自分が子どものときのいやな思い出の記憶が次々と出てきました。全部「失敗したこと」の記憶でした。涙があふれてきて，小さいときの自分が次々出てきて，だけど，一方で冷静に「こんなに失敗の記憶ばっかり連続で出てくるんだ」って客観的に驚いている大人の自分，いまセラピーを受けているってわかっている自分もちゃんと感じていて，不思議な体験でした。

〔解説〕ここでは，ロビン・シャピロの「両手の編み込み」という技法を用いています。右手に「おちついている自分」と左手に「パニックになっている自分」を置いて，両側性刺激を加えました。相矛盾する２つの課題を両手に置いて両側性刺激を与えると，その矛盾がおのずと止揚（アウフヘーベン）される便利な技法です（ロビン・シャピロ，2015，pp.193-200）。

　涙があふれてつらさを感じていながらも，同時に，客観的なポジションから自分が何をしているのかがわかっているという状態，これが「二重注意の気づき」という状態です。両側性刺激による記憶の再処理は，この「二重注意の気づき」が維持されている状態の中で進むといわれています。催眠とは異なり，自分が何をしているのかをわかっている自分が維持されている中で進展していきます。

Ｅさん：私の母は厳しい人で，いつも「失敗しないように計画的にやりなさい」と言っていた人で，学校や塾で失敗していやな思いをすると，「それは自分の責任でしょ」という叱られ方をしていたことを思い出しました。そして，私自身の中に「子どもがこうなったのは自分の責任でしょ」と言っている小さな自分がいることに気づきました。

　　　　美以先生に「それは何歳くらいの感じ？」と聞かれたとき，10

歳くらいと感じました。「45歳のあなたは，10歳のあなたに，今，何て言ってあげたいの？」と言われたとき，「大丈夫だよ。あなたの責任じゃないよ。親が厳しすぎたんだよ。そこは『つらかったね』と言ってあげる場面でしょ」っていう気持ちがあふれてきました。再処理のプロセスが終わったときには，「私はありのままでいい（肯定的認知：PC）」と思える感じがしていました。

大河原：その次のEMDR療法では，「お子さんが小さく産まれたこと」をターゲットにして行いました。否定的認知（NC）は同じ「私は失敗した」でしたね。低出生体重で生まれたこと，そのために手術も必要だったこと，姑の不安の言葉を聞くたびに私の責任だという思いで苦しかったこと，そういう記憶の再処理をスムーズに行うことができました。

Eさん：私は，子どもが早産のために小さく生まれたことが「私の失敗」で，それは「私が何事も計画的にちゃんとやらなかったから自分の責任なのだ」と認識していて，それが問題だということはわかっていました。でも，いくらそう思って自分を責めたところで，責任を感じたところで何も解決しなかった。最初のEMDR療法で，まさかそれが小学生のときの記憶とつながっていたということは，ほんとうに驚きでした。自分を責めていたのは，実母の価値観を取り入れていた「小さい私」だったんです。「大人の私」は，当時は最善を尽くしたのだということ，1600gでも無事に生まれてくれて，手術も乗り越えてくれて，ほんとうによかったということ，そして，私も頑張ったと素直に思えるようになりました。

大河原：このセッションの1ヵ月後においでになったとき，お子さんと一緒の面接場面でのお子さんの様子が大きく変わっていましたね。それまでは，お母さんの膝に座ることをうながしても，すぐに立ち歩いて，おちつかない様子で，なかなか目を合わせることも困

難でしたが，おちついて膝に座るということ，目を合わせるということ，お母さんに頼るということがとてもスムーズに自然にできるようになっていました。

Eさん：家でもかなりおちつきました。幼稚園でも大きな加害はなくて，気に入らないときにグーで押したりすることはあったようですが，ほかのお母さんたちに謝罪の電話を入れなければならないようなことはありませんでした。前回お話ししていた「折り紙のカブトムシを気に入ってもらえなかった」みたいな，そういうことはあったんですけど，私が大人の私のままでいられたので，彼の気持ちが少しおさまって，「ママ抱っこ」と言ってくるまでおちついて待つことができたんです。

大河原：このあと，しばらくはお子さんに対するEMDR療法を行いました。

Eさん：ちょうど，誕生日の時期が近づいていて，毎年，誕生日の月は，判を押したように，体調も機嫌も最悪になるので，そのことが気になっていました。特に「水を飲みたい」という状況になると，いきなりパニックになるんです。ふだんも水が飲めないということについては過敏なので，いつも水を持ち歩いているんですけど，毎年，誕生日の月になると，すごい極端にパニックが増えるんです。そして，赤ちゃんのように何でも口に入れてなめるようになって，眠れなくなり，「うんち」とか「ばか」とか汚い言葉をたくさん吐くようになります。1ヵ月くらいすぎるとまたもとに戻るということを，毎年繰り返していたんです。

大河原：このエピソードを聞いたとき，私は，お子さん自身のトラウマ記憶にアプローチすることが必要だと思いました。誕生日というのは，自分が生まれた時期，季節ということを意味しており，ほんとうに不思議なことですが，そういう現実的な刺激が，封印されている記憶を開き，未処理のままになっているトラウマ記憶の断

片の漏出が生じるのです。お母さんの観察によるこの語りは，乳児期のトラウマ記憶の漏出が生じているということを教えてくれていました。

〔**解説**〕前述したように（44頁），サンドラ・ポールセンはその著書『言葉がない時』において，妊娠期（胎児期）から出産・乳児期という非常に早期の記憶，つまり言葉をもつ前の潜在記憶と呼ばれる記憶であっても，無意識のうちに現在の生活の中に影響を与えていることを明らかにし，その潜在記憶をEMDR療法の中で扱う方法をET（早期トラウマ）アプローチとして確立しました。このETアプローチは，DさんのEMDR療法の中でも記述しましたが，子ども自身の胎児期・乳児期の記憶を扱うためにも応用できます（第3章）。

　胎児や乳児は自分から「痛い」「苦しい」と発声することはできませんが，その身体感覚は存在しており，その記憶も脳の中に保存されているのです。クライエントさんからは，よく「医者から赤ちゃんは痛みを感じないからと説明された」という話が出てきます。赤ちゃんは「不快を訴えることができない」だけであって，赤ちゃんとしての身体の不快は感じているし，記憶されているのです。人は関係性の中で育つ存在であるがゆえに，たとえ不快を訴えることができない赤ちゃんに対してであっても「（共感的に）痛かったね，苦しかったね，よく頑張ったね」という気持ちで対応することは，早期トラウマを軽くするために役立つはずです。ポリヴェーガル理論（97頁）によると，人との関係性の中で安心・安全を感じることは，社会関与システムである腹側迷走神経を活性化させると考えられているからです。

Eさん：プレイルームで，病院ごっこのおもちゃを使いながら，私が抱っこして，美以先生にタッピングしてもらいながら，生まれたときの話をしました。黙って聞いている様子からは，心の中で聞いて

第1章　母たちの物語　61

いるのがわかりました。生まれたとき，とっても小さくって，すぐに保育器の中に入っていたこと。お母さんは抱っこしたくてもできなくて，保育器の外から手を入れてなぜてあげていたこと。生まれて50日で手術したこと，きっとすごく苦しかったと思うこと，そんなことを話しかけながら，タッピングしてもらいました。

大河原：しばらくすると，お子さんはお母さんの膝をおりて，人形に水を飲ませる遊びをはじめました。繰り返し，繰り返し，水を飲ませていました。「どうして水飲ませるの？」と聞くと，「だって，どこにも水がなかったから」と言いました。Eさんは，当時のことを振り返って，病院では，時間でのみ授乳する世界なので，自分の欲求に合わせて与えてもらうということはなかったと話していました。子どもは，自分に必要なことを，ちゃんと選択することができるのです。水を飲ませる遊びを繰り返すことを通して，記憶の再処理を行っているといえます。

　そして，私が「うんち！」など暴言を吐くモードに対して「うんちプープー君」と話しかけると，びっくりした顔をしてキラキラと目を輝かせました。「うんちプープー君も大事な気持ち。苦しいよー，痛いよー，怖いよー，寒いよー，のどかわいたよーって，教えてくれている大事な気持ちだよ」と伝えながら，タッピングしました。

〔**解説**〕幼い子どもの場合，EMDR療法の標準的プロトコルをそのまま実施することは困難です。しかし，母子同席のもと，母に抱かれているという安心な状況で，記憶にふれながら，両側性刺激を加えるだけで，比較的容易に再処理のプロセスを開始させることができます。AIP（適応的情報処理）理論によれば，両側性刺激によって，脳は自分に必要なことをおのずと選択するからです。子どもは動きまわりますので，こちらの意図するとおりに実施することができないものですが，母に抱っこしてもらいなが

ら，過去の出来事を語りかけ，両側性刺激を与えるだけで，変化が起こります。家庭での安定的な関わりの持続が重要になるので，母の安定化のもとでということが前提条件となります。

Eさん：私は，汚い言葉を言いはじめると，「やめなさい」と言ってしまっていたんですけど，それはまずかったんだなぁということがわかって，「うんち！」「死ね！」とかイライラして言いはじめたら，「うんちプープー君の気持ちを教えて」と言うように心がけました。そうすると，甘えてくるようになりました。でもやっと甘えてくれるようになったと喜んでいたら，今度は「ママが悪いから，あやまって！」というふうに私への文句を言ってくることも増えました。でも「成長して，不満を言葉で言えるようになったんだなぁ」と思うようにしています。

〔解説〕小学校に入ってから，感情コントロールの問題を抱えて，暴力・暴言に苦しんでいる子どもたちの中には，乳幼児期の病気を体験している子どもたちが多くいます。乳児は弱い存在なので，命を守るために「闘争・逃走・凍結」という防衛がたやすく作動します。闘争も逃走もかなわない環境にあれば，凍結反応に転じ，感情と身体感覚を凍結させ，解離し，不快感情と身体感覚を抱えた自我状態を生み出すことで「よい子」になり，病気の治療を受けるという環境に適応します。つまり，乳幼児期の病気とその治療は，容易にトラウマ記憶を生む条件下にあるのです。闘争・逃走モードに入れば，暴言・暴力の問題児モードになります。しかしネガティヴな自我状態は，いつも，適応を助けるために存在しているのです。私が「うんちプープー君」と呼びかけたとき，この子のネガティヴモードは「やっと存在を認めてくれた」と思ったのではないか，それが，一瞬キラキラと瞳を輝かせたということなのではないかと感じていました。

大河原：それから１年くらいの間に，母子関係だけではなく，集団内での
　　　　社会性の問題なども回復していって，幼稚園でのトラブルは問題
　　　　にならなくなっていきましたね。
　　　　　でも，その次の誕生日がきたとき，反応したのは，お子さんで
　　　　はなくて，お母さんでした。

Ｅさん：そうなんです。おかげさまで，子どもは６歳の誕生日はまったく
　　　　変わりなく，反応を起こすこともなく過ごせました。ですが，私
　　　　のほうが反応していることに気づきました。その前から，子ども
　　　　が少しでも体調が悪いと，過度に心配になることが，過剰反応し
　　　　ている感じというのは気づいていたのですが。

大河原：お母さんがお子さんの出産をめぐって一番つらかったのは，早産
　　　　になってしまうことがわかったときということでしたね。

Ｅさん：33週で早産になりそうになって，障害が残るんじゃないかって，
　　　　ほんとうに怖かったです。不妊治療で授かった子なので，「神様
　　　　に反することをして罰があたったんじゃないか」とかいろいろ考
　　　　えました。

大河原：その記憶をターゲットにして，３回目のEMDRを行いました。
　　　　「私は何をやってもうまくいかない」という否定的認知（NC）を
　　　　抱え，胸には恐怖がいっぱいで，主観的には８くらいの強さ（０
　　　　〜10の尺度）でした。再処理のプロセスでは，お子さんが生ま
　　　　れてからの出来事の記憶が流れていき，出産から手術を乗り越え
　　　　て頑張ってきた矢先，１歳３ヵ月のときに自分で頭をゴンゴンぶ
　　　　つける息子の姿を見たとき，やっぱり障害があるのかもしれない
　　　　という恐怖に襲われたということがわかりました。その恐怖を打
　　　　ち消すために，子どもを叩いてしつけようとして必死になったこ
　　　　と，叩いて育ててしまったことへの罪障感が大量の涙とともに流
　　　　れていきました。セッション終了時には「私は最善を尽くした」
　　　　という肯定的認知（PC）を自分にフィットする感覚として抱え

ることができました。

Eさん：わが子を叩いてきてしまったことを，決して許してはいけないと自分に言い聞かせてきたんですけど，自分を許して，前に進んだほうがいいのかなって，自然に，自分にやさしい気持ちになることができました。大事なのは，今ですよね。

　「記憶の再処理」って言われるとなんかよくわからないんですが，でも，過去の後悔や罪障感みたいな記憶に振りまわされなくなって，過去は過去と思えるようになったということは確かです。

　4月から小学校入学ですが，就学時健診でも普通級「適」のお返事をいただきました。小さく産まれたハンディはまだあるかと思いますが，見守っていけるかなと思っています。

7．Fさん（42歳）の事例（一人息子6歳5ヵ月／小1）
——息子に「責められる」と止められない怒りと過去の罪障感

大河原：Fさんは，「虐待をやめたい」とおっしゃっておいでになりました。

Fさん：はい。自分のことをどうしようもなくダメな虐待母だと思っていました。子どもは，保育園ではしょっちゅうトラブルを起こして，乱暴をしてしまい，私は怪我をさせたお子さんの親御さんのところに謝罪をする毎日。病院に連れていくように保育園から言われて，あちこち行きましたが，ADHD・自閉症・愛着障害と言われて，学校は普通級は無理なのではないかと言われていました。でも，穏やかなときは何も問題ないので，私はうちの子が発達障害とは思っていませんでした。だから，これは「私の問題なんです」ということを言っても，子どもの愛着障害を引き起こしている私を治療してくれるところをなかなか見つけられませんでした。結局，能力的な問題はないということで，小学校は普通級に通っ

第1章　母たちの物語　65

て，週に１度通級学級でみてもらうということになりました。通級の先生から，美以先生の本を教えてもらいました。母親の過去の生い立ちが子育て困難に影響するということを読んで，私は「それ」なんだと思いました。

大河原：弟さんを事故で亡くしたことがあるということでしたね。

Ｆさん：はい。弟が２歳のとき，私が小学校５年生のときです。最初はそのことが関わっているとはまったく思っていなかったんです。弟が２歳のとき，母と私と弟の３人で郊外のスーパーに車で買い物に行って，スーパーに着いたとき，弟は車の中で寝てしまっていたんです。弟はとってもやんちゃで，スーパーとかでは「あれがほしい，これがほしい」とひっくり返ることがよくあったので，弟がいると買い物も大変っていうこともあって，「そのまま寝かせておこう」って母が言って，母と２人でスーパーに行きました。その日は全然暑い日ではなかったから，母も大丈夫と思ったんだと思います。チャイルドシートにすっぽりはまった状態で寝ていて，ベルトをして車にはチャイルドロックをかけていたので，中からは開けられない状態でした。でも，結局戻ってきたときには，弟は車の中でぐったりしていて，急いで病院に行ったんですけど，ダメだったんです。そのあたりは私の記憶もあいまいで，母が半狂乱だったので，私は母のことを心配していた記憶があります。そのあとで，両親は離婚することになり，私は，母がいつか自殺してしまうんじゃないかって，ずっと心配しながら大人になりました。母は私が大学生のころから，宗教に傾倒するようになって，でもそれで，あまり私には頼らなくなり，集会に行くことが支えになっているようでした。私も誘われましたが，気が進まなかったので，それで母との関係も疎遠になってしまいました。

大河原：お産のときのお手伝いは，お姑さんがしてくださったのでしたね。

Ｆさん：姑にお世話になったんですけど，いわゆる「嫁－姑の葛藤」を夫

にぐちると，夫がいやがって，結局，「夫と姑」対「嫁」みたい
な構図になってしまって，孤独でした。妊娠も出産もまあ，ふつ
うの経過で，最初のうちはそれなりにふつうにやっていたと思い
ます。でも，息子が2歳をすぎて，いやいやが激しくなってきて
から，私が耐えられないと感じることが増えて，叩いてしまって
は，いいお母さんになれなかったと自分を責めるという感じの繰
り返しで，だんだん子育てが苦痛になっていきました。夫は，
「そんなに大変なら，姑に来てもらえばいい」って言うのですが，
私がそれはもっとストレスがたまると思って断るので，「それな
ら勝手にすれば」っていう感じになって，結局息子と2人で泥沼
にはまっていく感じでした。

大河原：最初に，安心・安全な場所を思い浮かべてもらったときには，お
　　　　子さんを出産したあとにわが子を抱いている場面が浮かびました
　　　　ね。

Fさん：私は，望んで子どもを産んだし，子どもが生まれたときはほんと
　　　　うにうれしくて，幸せを感じたんです。だから，息子が生まれた
　　　　ときの幸せな感じを思い出して，タッピングしてもらったとき，
　　　　まだこういう気持ちを思い出せるんだってことがとてもうれしか
　　　　ったです。でも，せっかくうれしい気持ちになったのに，すぐに
　　　　次から次へと，つらい気持ちがあふれてきてしまいました。

大河原：そこで，コンテインメントというワークを行いました。「あふれ
　　　　てくるつらい気持ちを容れ物に入れるとしたら，どんな容れ物が
　　　　いいですか？」とたずね，ゆっくりと呼吸をうながします。自分
　　　　の呼吸を感じてもらいながら，イメージをうながしました。

Fさん：なんとなく，子どものときに持っていたプラスチックのおもちゃ
　　　　箱が浮かびました。その箱にはふたがついていて，ふたがカチッ
　　　　とはまるので，ふたがしっかりしまる感じ，だけど軽い感じがい
　　　　いように感じたんです。箱をあけて，呼吸をして，つらい気持ち

が箱の中に吸い込まれていくように，息を吐いていくと，なんとなく箱の中に気持ちがおさまってくれたみたいな感じになりました。そして，ふたをカッチリしめました。そして，それをお腹の中のおさまりのいいところに置いておくということをイメージしたら，なんとなくおちつきました。

〔解説〕コンテインメントのワークは，呼吸で軽くトランス状態に導き，イメージを使うことで，つらい気持ちに対するコントロール感を生み出しますので，安定化の技法としてとても使いやすい方法です。EMDRセッションが再処理の途中で終わったときにも使うことができます（34頁）。呼吸をしながらイメージすることで，身体の感じが変わるという体験ができると，つらい気持ちがわいてくることを恐れずに，つらい気持ちを抱えた自分の中の自我状態と対話することができるようになります。コンテインメントは，EMDRセラピーを行わない一般の援助者の方たちも，安全に行うことができる技法ですし，クライエントさんが自宅で1人で練習することも可能です。呼吸とともに行うこと，イメージを楽しむということがポイントです。

大河原：最初のEMDR療法では，今，お子さんの言動によってイライラする場面からはじめました。

Fさん：子どもとけんかになって，子どもが私を責めてくると，スイッチが入ってしまって，止められなくなる感じがありました。なので，子どもが自分に文句を言ってくる場面をターゲットとしました。たとえば，今日は焼き肉食べたいって話していたけど，買い物に行ったらいいサンマが安かったから，サンマにしたというようなときに，子どもから「お母さんは嘘つきだ。いっつも約束を守らない！」と文句を言われるみたいな場面です。

　子どもから責められたときの自分について考えてみると，「私

は恐ろしい人間だ」という否定的認知（NC）がフィットしました。どう思えたらいいのかという肯定的認知（PC）をたずねられましたが，そのときは，それはまったくイメージできませんでした。子どもから責められた場面を思っていると，怒りが頭の中にこみあげてくる感じがしました。その状態で深く呼吸をしながら，タッピングをしてもらっていくと，怒りが強まったあとで，怒りはおさまり，その次にとても怖い気持ちがわいてきました。なぜ怖いのかは，そのときはまったくわかりませんでした。美以先生から，「何が見えますか？　何が聞こえますか？」って聞かれて，聞こえてきたのは息子の泣きわめく声でした。2歳ころの息子のだだをこねて泣きわめく声です。すごく怖い感じが襲ってきて，そして思い出したんです。

大河原：ほんとうに，過去の記憶がよみがえって恐怖の感覚で震えているという様子でしたから，よくもちこたえてくださったと思います。私は，「ここは安全ですよ。それは過去のことですよね」と声をかけていたと思います。

Fさん：すごい恐怖の感じで泣きわめいたと思うんですけど，一方で，美以先生の声もちゃんと聞こえていて，「そうだ，これはEMDR治療中なんだ」ということを理解し，認識している私もいました。だから，もちこたえられたと思います。

〔**解説**〕前述したように（58頁），記憶の再処理過程は，「二重注意の気づき」が維持されている中で進展します。Fさんは，恐怖の「アブリアクション（解除反応）」が生じ，震えておびえている状態を示していながらも，「現在についての認知」が維持されていました。この状態にあれば，記憶の再処理が行われるために必要な「耐性の窓」の範囲内にとどまることができます。セラピストがおちついて，安全な場を提供することで，クライエントさんの脳が適切に仕事を行っていきます。

第1章　母たちの物語　69

Fさん：すっかり忘れていたのですが……忘れたかったんだと思いますが
　　　……2歳のころ，電車の中で「ぎゃーぎゃー」泣かれて，どうに
　　　もおさまってくれなくて，私がパニックになってしまって，電車
　　　を下りてトイレにかけこんで，子どもの口に必死にハンカチを突
　　　っ込んで泣きやませようとしてしまったんです。子どもが声を出
　　　さなくなって，ハッと我に返ってハンカチを取り出したとき，び
　　　っくりした顔をして，白目がうっ血していました。わきあがって
　　　きた恐怖はそのときの恐怖でした。私は，息子を殺してしまうと
　　　ころだったんです。自分が恐ろしい人間だとショックを受けまし
　　　た。しばらく息子のあのキョトンとびっくりした顔を忘れられま
　　　せんでした。目がうっ血していたので，眼科に行ったとき，虐待
　　　を疑われているように感じたのを覚えています。
　　　　　この記憶の恐怖が終わっていったとき，「それは終わったこと
　　　だ」という肯定的認知（PC）を選ぶことができました。
大河原：このセッションでは，お子さんがFさんを責めるような場面があ
　　　ると，無意識にFさんの中にこの出来事を責められているような
　　　気持ちになる反応が生じて，それで，おちついて対応できず，子
　　　どもを叩いてしまうということが繰り返されていたことがわかり
　　　ました。
　　　　　そして，その次の回で，お子さんが2歳のときに電車で泣かれ
　　　て，なぜFさんがパニックになったのかということが，Fさん自
　　　身の中でつながりましたね。私の立場からは，お子さんが，弟さ
　　　んが事故にあった年齢である2歳になるということは，それだけ
　　　でハイリスクな状況であるということは当初から想定されるので
　　　すが，Fさん自身は，最初の生育歴をお聞きする段階では，弟さ
　　　んのことがわが子との葛藤に関係しているということにはまった
　　　く気づいていませんでした。
Fさん：ほんとうにそうなんです。弟のことは，ずっと昔のことで，弟の

記憶と息子が直接つながる感じは，実感としてまったくなかった
んです。でも，EMDR療法のあとは，外を歩いている２，３歳
の子どもをみただけでも，涙がこみあげてしまって，弟のことを
ずっと考えていました。

　その一方で，息子に対しては，たとえば，最初のサンマの場面
と似たような場面で，子どもに責められたとき，「ごめんごめん，
サンマ安かったからね。今度焼き肉にしようね」ってふつうに言
えたんです。そういうふうに余裕をもって言えると，子どももし
ばらくぐずぐずするだけで，そのうち機嫌を直していました。

大河原：まさに，お母さんの過去のトラウマ記憶を処理すると，現在の親
子のコミュニケーションが変わるので，関係が改善され，子ども
の育ちが回復するということです。

　２回目のEMDR療法では，弟さんの事故のことを扱いました。
「弟さんが亡くなったことをめぐって，いま，あなたが一番つら
いと思うのはどの点でしょう？」とお聞きしました。

Ｆさん：私は，ずっと母のつらい顔を見ることがつらいと思っていたんで
す。そこは意識していた部分です。母自身，自分の過失でわが子
を失ってしまい，その母の過失を父は許せず，離婚することにな
り，私は母を支えなければならないという思いで生きてきました。
でも，自分は何がつらいのかって改めて考えたとき，自分自身の
罪障感に気づきました。私がつらいと思っていたのは，かんしゃ
くを起こして，スーパーでひっくり返って困らせる２歳の弟のこ
とを，実は「いやだ」「迷惑」と思っていたということでした。
弟を「いやだ」と思っていた自分がいて，それで，寝ているから
といって車に置き去りにした。買い物の途中で気になったんだけ
ど，「連れてきたらまたぐずぐずされていやだ」と思って，気づ
かないふりをしたんです。私が殺したんだと思いました。タッピ
ングをしてもらいながら，「ごめんね，ごめんね」という気持ち

　　　　で泣きじゃくっていました。

大河原：再処理のプロセスの中で，過去の記憶が開いて，そこで必死に「ごめんね，ごめんね」と言っていたのは，小学校5年生の自我状態でした。ここで重要なのは，罪障感に苦しんでいる小5の自我状態の小さな私を許すのは，いまの42歳のFさんだということなのです。そこで，42歳のFさんに声をかけました。42歳のFさんは，今，EMDR中だということを認識しているモードです。「今，42歳のFさんは，泣きじゃくっている小5の小さいFさんになんと言ってあげたいですか？」

Fさん：そのとき，許したいけど，許してはいけないような気がしていて，どうしたらいいのか，なんと言えばいいのかわかりませんでした。美以先生に「『一緒に抱えるよ』って言ってあげることはできますか？」と言われたときに，「それなら言える」と思ったんです。許すということは，弟が死んだってことを忘れることではないんだと思ったら，小5の自分を抱きしめたい気持ちになりました。「1人で抱えなくていいんだよ，私が一緒だから」という思いで，タッピングを受けていると，スーッとおちついていき，「私はありのままでいい」という肯定的認知（PC）とつながることができました。

大河原：「許し」がテーマでした。深く罪障感を抱えているときには，責めているのは，他者ではなく，自我状態同士の葛藤であることが多いように感じます。自我の統合が進むことによって，「時の流れ」が味方してくれる状態になると，おのずと「許し」という段階がくるように思います。

　　　　宗教であれば，絶対的な力をもっている存在が許しを与えてくれるのでしょうが，セラピーは宗教ではありません。あくまで，クライエントさんの中で，クライエントさんの生きるための脳の働きがおのずと生きる方向を選択するように，お手伝いをするだ

けなのです。EMDRという方法論は，それを可能にしてくれる，究極のクライエント中心療法だと私は思っています。

F さん：そのあとで，子どもとの関係はほんとうにおちついて，子どもも学校での適応がよくなっていったんですけど，夫との関係はちょっと悪化してしまって……それで，夫とのことをターゲットにしてEMDRをしてもらいました。

大河原：そういう展開になることは多いんです。

F さん：子どもがある程度大きくなってからは，夫も仕事に没頭しているし，私もなんとなく疎遠だけどトラブらない距離というので安定していたんです。たまに，日曜日，子どもと出かけてくれたりするとありがたいので，それ以上のことは求めないという形でうまくいっていたんです。ですが，子どもとの関係がスムーズにまわるようになってきてから，夫のちょっとしたことにイラッとくる感じが強まってしまい，以前子どもに反応していたみたいに，夫に一方的に文句を言ってしまったりして……。

大河原：そこで，ご主人の言動でイラッとくるその身体感覚をターゲットにして，EMDR療法を行うことにしました。胸が痛くなるような熱い感じ，その感覚にともなう否定的認知（NC）は「私は誰も信じられない」でしたね。

F さん：タッピングしてもらっていると，両親が離婚したときのことが浮かびました。この記憶も，すっかり忘れていたもので，これまで思い出したことはありませんでした。忘れていた両親のけんかの場面が流れていきました。弟が亡くなって，お葬式をして，母が苦しんでいるのに，父は母を責めていました。そして父は家を出ていきました。その記憶が淡々と出てはきたのですが，胸が痛くなるような熱い感じはそのままで動きませんでした。

大河原：そこで私は，「もし魔法使いがいたとしたら，小学生のあなたは，どんな魔法をかけてほしいと願ったと思いますか？」と聞きまし

第1章　母たちの物語　73

た。

〔解説〕これは「想像的編み込み」の技法です。サンドラ・ポールセンは，ETアプローチの解説の中で，「想像」というものを修復に利用できることを説明しています。ETアプローチにおいては，「赤ちゃんが，当時欲していたけれども得られなかったものを，今は得ているという想像」を用います（ポールセン，2018）。

　「想像的編み込み」を顕在記憶の再処理の中で用いると，現実の文脈の中ではありえないがゆえに存在してはいけないことになっていた感情や前提への気づきや，想像することで得られるポジティヴな身体感覚（安心感や満たされた感じなど）が，再処理のプロセスを展開させていきます。

Ｆさん：魔法使いに何をお願いするだろう……と考えたとき，「出ていった父を連れ戻して」と思いました。その瞬間，熱い涙があふれてきて，胸の痛みがスーッと消えていきました。父は出ていってしまった。私を置いて。そのことで泣いたのは，このときがはじめてだったかもしれません。私は「母を支えなくちゃいけない」という気持ちで生きてきたので，自分が父を失ってつらいということを感じたことはありませんでした。でも，タッピングをしてもらいながら「魔法使いへの願い」を思ったとき，私は，小学生だった自分が，あの状況で父を失ってどんなに心細かったかということを身体で感じて，涙が止まりませんでした。そして，自然と，今の私が，小学生の自分を抱きしめていました。再処理が終わったとき，自分にフィットする言葉は「私は自分を信じられる」でした。私はちゃんと自分の悲しみを抱えることができる，私は自分を信じればいいんだ，と思ったんです。

大河原：その後，お父様との再会を果たされたのですよね。

Ｆさん：両親が離婚したあとも，毎年，父から誕生日とかクリスマスとか

年賀状とか，必ず郵便で届いていたんです。たぶん，母は私の養育費も成人するまではちゃんともらっていたと思います。ですが，不思議なことに私は「父に会いたい」と思ったことがなくて，結婚式にも呼んでいなかったんです。それは，たぶん，私の中の小さな私，「母を守らなくちゃ」と思っていた私が，そうしていたんだと思います。

　EMDR療法のあと，ほんとうは父に会いたいと思っている自分がいることに気づいて，会うことができました。孫を見せることもできました。夫に，弟の事故死のこともちゃんと話すことができて，夫は一緒に泣いてくれました。そして，夫も父に一緒に会ってくれました。母も，私が父に会ったことを喜んでくれました。

　このセラピーのあと，私は夫との間に葛藤が生じると，勝手に「夫が（父のように）私を見捨てるんじゃないか」みたいな気持ちになって，勝手に怒っていたということに気づきました。夫にイライラするきっかけは小さい日常のことなので，ふつうにコミュニケーションをとれるようになったことで，たいした問題にはならないようになりました。

　こんなふうにして，私が自分の大きな問題と取り組んでいるうちに，小学校3年生になった息子は，新しい担任の先生のもとで，ごくふつうに学校生活を送れるようになっていました。今では，発達障害と言われることはありません。「愛着障害」という診断は，母親が苦しんでいるという診断なんだと思います。

第2章
子育て困難と複雑性トラウマの理解

1. 記憶とトラウマ

　誰でも，思い出したくない過去の記憶によっていやな気持ちになるということを体験したことがあると思います。また誰もが，いやな気持ちになるから思い出したくない記憶というものをもっていることでしょう。その記憶が，思い出しても大丈夫になったとき，「記憶の再処理」が行われたということになります。

　「記憶」は，脳の中に保存されている情報です。「記憶」には，出来事について言葉で（認知的に）覚えている記憶だけではなく，聴覚による音だけの記憶，視覚による映像だけの記憶，感情だけの記憶，身体の感じ（身体感覚）だけの記憶も含まれます。

　「記憶の処理」は，毎日寝ている間に，無意識のうちに脳の中で自然に行われています。「記憶の処理」をたとえるならば，忘れていくべき記憶を選別して，長期記憶行き列車に乗せていく仕事といえるでしょう。長期記憶行き列車に乗った記憶は，時の流れに応じて古い記憶となり，忘れて

いく記憶となります。このようにして，通常の記憶は，寝ている間に無意識のうちに処理されています。

しかしながら，恐怖や怒りや悲しみをともなうつらい体験（トラウマ体験）の場合には，その記憶は，寝ている間のルーティンの処理作業の範囲では処理しきれないという状態に陥ります。その結果，長期記憶行き列車に乗りそこなったつらい記憶の断片が，リアルな恐怖や怒りや悲しみなどの感情や不快な身体感覚をともなったまま，突然フラッシュバック（再体験）するということが起こります。フラッシュバックとは，「感情や身体感覚の記憶のよみがえり」を指しています。

ベッセル・ヴァン・デア・コークの著書である『身体はトラウマを記録する』という本のタイトルのとおり，まさに身体がトラウマを記録しているのです。もともと記憶の処理は，無意識下で行われているものなので，意識的に意志の力でどうにかしようと思っても，そもそもできないものなのです。

生死に関わるような重篤な外傷体験をした人が，その後日常生活に支障をきたすような心理的・身体的な症状を抱えるとき，それはPTSD（心的外傷後ストレス障害）と呼ばれます。PTSDは，脳の中の外傷記憶の処理が滞ってしまったことにより，恐怖の感覚がフラッシュバック（再体験）するので，常に身を守るための行動が優先され（回避症状），過敏な過覚醒状態（脅威の感覚）に陥り，日常生活に支障をきたすことを意味しています。それは，いわば「心の怪我」にあたります。「病気」ではなく「怪我」です。怪我というものは，たとえば"骨折"のように，適切なケアにより時の流れの中で治ります。

EMDR療法は，記憶を扱うセラピーの方法論です。そのため，PTSDに対する効果的な治療法として知られるようになりました。たとえば，駅で事故にあった恐怖から，駅に強い恐怖を感じて行くことができなくなった人が，その当時の記憶をターゲットとして，EMDR療法を受けることで記憶の再処理が行われ，その後，駅に行っても恐怖を感じないようにな

るというような治療法です。「記憶の処理」が滞っている状態に対して，「記憶の再処理」をうながす関わりを行うことで，時の流れを味方につけて，PTSD症状を治すことができるのです。

　しかし，心の傷のすべてが専門的なケアを必要とするわけではありません。基本的には，いつのまにか擦り傷が治るように，時の流れの中で，傷ついた記憶の修復や再処理は自動的に行われているのです。心の傷はどんな場合にも，自然治癒力を助けとして改善していきます。

2．複雑性トラウマと自我状態

　小さいときからたくさんの我慢を重ねて，心の怪我が何層にも重なっている状態にあるときには，複雑性トラウマを抱えていることになります。小さな心の怪我や大きな心の怪我が複雑にからみあって，それが日常生活の中に入り込んでいる場合には，生きていくために，心の中に「仕切り（壁）」を作って，つらいと感じないでいられる自分を維持しようとする機能が働きます。その結果，心の中には，複数の自我状態（Ego State）が生み出されていきます。

　「我慢しているつらい感情を抱えている私（自我）」と，周囲の期待に応える行動をとっている「適応的な私（自我）」を切り離すことで適応する道を，脳が自動的に選択するのです。その環境に適応するために必要な感情をもった自我状態（モード）と，その環境に適応するためには必要ないとされた感情をもった自我状態（モード）とが，解離の防衛により切り離されることで，その環境に適応するという生存のための方略なのです。

　自我状態とは，脳の中のアクション（活動）システムの１つであると考えられています。アクションシステムとは，外部からの刺激に対して，感覚・感情・認知・思考・行動という一連のアクションが脳の中でネットワークを形成してひとまとまりの動きを行うという前提です。愛着研究の領域における「内的作業モデル」もアクションシステムの１つといえるでし

第2章　子育て困難と複雑性トラウマの理解　79

ょう。

　私たちの行動は，無数のアクションシステムのネットワークによって引き起こされています。たとえば，誰でも「仕事をしているときの社会的な私」と「家でくつろいでいるときの私」では，話し方や感じ方や行動の仕方など，無意識のうちに異なっています。家で「早く！　早く！」と子どもに大きな声を出しているお母さんが，担任の先生から電話がかかってくると，急に「いつもお世話になっています」とよそゆきの声に変わるという様子は，誰でも体験したことがあることでしょう。また，20年ぶりの同窓会で，あたかも中学生のときに戻ったかのような人間関係を体験するということも，誰もが身に覚えがあることでしょう。私たちの脳の中には，環境（関係性）という外界の刺激に合わせたアクションシステムが自動的に作動するように，ネットワークが構成されているのです。その一連のアクションシステムがセットでまるごと記憶され，自我状態を構成します。

　子どもというものは，時に，学級での様子，学童での様子，家での様子，塾での様子が異なり，小学校の場合は担任が変わると子どもたちの様子もガラッと変わるということもよくあります。「自我・自己」が確立される前の幼い子どもたちは，環境に適応するためのアクションシステムを発達させることで，大人に依存して（大人の評価のもとに）生きる存在だからです。学校では「おとなしい子」が塾では「活発な子」であるというようなことがあるのは，このためです。

　このように環境に応じて複数の自我状態が反応するということ自体は，正常な脳の機能です。この場合，抱えている記憶は共有されていますし，ある程度意識的に自我状態の使い分けもできます。図1は，この通常の自我状態のイメージです。

　しかし，もし適応しなければならない環境が適切ではないものである場合には，心の怪我が重なり，複雑性トラウマが生み出されてしまいます。心の怪我が重なっていく状況のことを，不適切な環境というとも言えるでしょう。

図1　通常の自我状態

　不適切な環境とは，家庭だけではなく，いじめのあるクラス，学級崩壊しているクラス，いつも叱責を受ける担任やコーチとの関係なども含まれます。子どもは「生理的反応としての不快感情や身体感覚を自由に表出し，それを自然に受け止めてもらえる環境」になければ，心の傷の修復ができない状況に陥ります。その状況が一時的なものではなく，日常生活そのものであれば，容易に複雑性トラウマを生み出してしまいます。

　不適切な環境に適応しなければならないとき，脳の中では，2つのアクションシステムが作動するといわれています。日常生活に適応する努力をサポートするアクションシステムと，不快感情から身を守るアクションシステムです。このシステムにより，たとえば体罰を受けている子どもは，痛みや不快を感じないようになります。そして，痛みや不快を抱えている自我状態と，痛みや不快を感じない適応的な自我状態とが，無意識のうちに「一次解離」の防衛により切り離され，その環境に適応して生きるとい

図2　複雑性トラウマがあっても適応しているときの自我状態

うことが可能になるのです。これは脳の生きるためのしくみなのです。

　人間にこのような反応が生じるということは、世界共通のことなのですが、この一次解離の防衛で適応している状態像を「よい子」と評価するかどうかということには、文化が影響します。日本文化における「よい子」は、「自分の不快感情を表出しないで我慢できる子」を指します。しかし、私たち日本人が共通にもっているこの「よい子」のイメージは、自己主張することに力点を置いた文化の中では、決して「よい子」ではないのです。そのために、日本人の解離や複雑性トラウマを考えるときには、日本人的特徴が存在するということに着目することが必要なのではないかと私は考えています。その点については、第3章で詳しく述べたいと思います。

　図2は、複雑性トラウマを抱えているけれども適応している状態のイメージです。図3には、複雑性トラウマが症状化している状態のイメージを示しました。

図3　複雑性トラウマが症状化しているときの自我状態

　複雑性トラウマが症状化すると，複数の自我状態（モード）が記憶のつながりをもたずに独立した行動をとってしまうため，自分を制御できないという苦しみの中で否定的な自己感を抱えることになります。

3．子育て困難のメカニズム

　子育てに苦しんでいる母たちの多くが，「日本人特有の複雑性トラウマが症状化した状態」にあるのではないかと思います。子どもの言動にカッとなって，感情制御困難になってしまうのは，複雑性トラウマに由来する症状なのです。そのことは，幼いときから必死に「よい子」として耐えて生きてきたということを意味しているともいえます。自分個人の人生においては，その困難を乗り越えることに成功したはずなのに，そして，望んでもった子どもなのに，子どもの泣き声を聞くと，混乱してしまう。思い

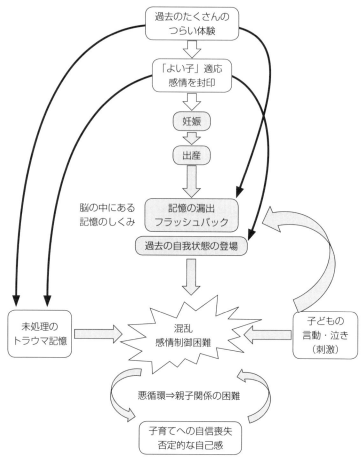

図4 子育て困難が生じるメカニズム

描いたとおりの母になれないという苦しみを抱えてしまう。その結果，愛しているわが子との関係がこじれてしまうのです。図4にこのメカニズムを図式化してみました。

　子育て困難が生じる背景にあるのは，妊娠・出産・子育てという刺激によって，封印されてきた子ども時代の自我状態が，眠りから覚めてしまうという自然の「しくみ」です。子育て困難を引き起こしている過去の記憶

は，眠りから目覚めた子ども時代の自我状態なのです。

　おそらく，妊娠すると，出産・子育ての準備として，自分がどう育てられてきたのかという過去の記憶を照合する回路が脳の中で自動的に起動するようにできているのでしょう。この自然の「しくみ」によって，本来は子育てがスムーズにできるようになっているのです。

　無意識に心の中に登場している「小さな私」は，子育てのさまざまな状況下で，さまざまな反応を生み出します。「小さな私」と認識される以前の潜在記憶に封印されてきた胎児期・出産時・新生児期の感覚だけの記憶でさえ，その記憶の漏出（漏れ出る）という現象によって，母たちが困惑するような反応を引き起こすのです。

　あらためて，第1章の事例を整理してみましょう。

　Aさんは，2歳のときに実母を亡くし，お酒を飲んで怒鳴ることが多かった父と継母との関係の中で，愛されるために自分の不快感情は表出しないで「よい子」になる努力をしてきました。出産してから，わが子の大きな泣き声が刺激となり，感情制御困難に陥り，怒鳴ってしまったり，わが子を叩いてはいけないという思いから自分の手を叩いたりして耐えるというような状態でした。EMDR療法により，記憶の再処理を行う中で，2歳のとき実母を失ってどれほど悲しい思いを我慢してきたのかということに気づき，たくさんの「小さい私」の自我状態が統合されていきました。そしてそのあとで，看護師として働いていたときの忘れていたつらい体験（未処理のトラウマ）が大きな影響を与えていたことが判明しました。

　Bさんは，教師だった両親のもとで親の期待に応えて常にしっかりしていなくてはならない「よい子」として育ちました。震災で流産し，そのことの自責に苦しみ，うつ症状で医療ケアを受けたのち，子どもを授かりました。しかし，わが子の「いやいや」がはじまり「言うことを聞かない」状況になると，Bさん自身が感情制御困難に陥り，泣き叫び，子どもを叩いてしまうという状況でした。EMDR療法により，記憶の再処理を行っ

第2章　子育て困難と複雑性トラウマの理解　　85

ていくと，いつも我慢してよい子にしていた中学生の自我状態が反応していることがわかり，現在の自我状態と統合されていきました。その後の夫へのイライラの処理を行う中で，震災時の流産の経験という未処理のトラウマへとつながりました。

　Cさんは，小学生のときのいじめ被害を契機に長期不登校を経験した方でした。長期不登校している自分が「親を不幸にしている」という思いを抱えながら育ったことが，強い自己否定を生んでいました。そういう意味では「よい子」になれなかった苦悩を抱えている「よい子」だったといえます。2人の子どもを出産後，長女の「指しゃぶり」を見ると怒りがわいて，感情制御困難に陥り，叱責しては自責にかられるということを繰り返していました。EMDR療法により，記憶の再処理を行っていくと，「指しゃぶり」の有無は，子育てがうまくできているかどうかの指標と認識されており，小学生のときの評価を恐れる自我状態が反応していたことがわかりました。そして根深い「私はダメだ」という自己認識に焦点をあてると，次女の出産時に胎盤癒着で生命の危機に陥っていたことがわかりました。この体験は，Cさん自身の生育歴とからみあい，長女に大出血を目撃させて恐怖を与えてしまったことへの失敗感，罪障感として大きなトラウマとなり，つらすぎるがゆえに封印され，未処理（記憶からも消えている）となっていたのです。

　Dさんは，親にとって想定外の妊娠だったために歓迎されない中で誕生し，自分の存在は常におまけという状況で育ってきたという記憶をもっていました。10歳まで指しゃぶりしていたという記憶から，さみしさを自分1人で耐えていた「よい子」だったのでしょう。Dさんはわが子をかわいいと思っているのに，いじわるをしてからかうことをしてしまうということ，それはよくないとわかっていながら統制できないという思いを抱えていました。この状態は，すでに日常生活の中で，子どもをかわいいと思う母としての自我状態とは別に，子どもをからかう自我状態が統制のない状態で登場しているということを意味しています。Dさんは，わが子の行動

が自閉症のようだと指摘されたときに，自分の関わりを変えなければならないと思ったのでした。EMDR療法を行っていくと，子どもをからかっているのは幼児期の自分，保育園でいつも泣いていた自分であることがわかり，母としての自我状態と統合していくことができました。そしてDさん自身の妊娠と出産は順調なものでしたが，産後すぐから子どもが息をしているのかどうかが過度に気になっており，非常に過敏な状態に陥っていたということがわかりました。この状態は，Dさん自身の出生時の記憶の漏出である可能性があることから，妊娠期・出産時・新生児期などの早期のトラウマを扱うETアプローチを行いました。そこで妊娠中から出産にかけての身体の不快という潜在記憶が再処理され，同時に新生児期から乳児期には，祖母から大事にケアされていたというあたたかい記憶の喚起も生じました。それにより，自分は愛されたという記憶をもつことができるようになりました。

　Eさんは，4歳のわが子が暴力的な行動を示すということに苦しんでいました。Eさんは，厳しい母のもと，常に計画的にきちんと行動し，失敗しないことを求められて「よい子」としての子ども時代を過ごしてきました。そして高齢出産，不妊治療，早産，低体重のわが子の手術という体験を乗り越えてきました。しかし，子どもがかんしゃくを起こして自傷行為をする様子から大きな不安に襲われ，叩いてしつけるという間違ったアドバイスにすがってしまい，子ども自身が感情制御困難に陥るという悪循環が形成されてしまっていました。EMDR療法による記憶の再処理を行う中で，子どもの言動でパニックになってしまうのは，小学生のころ失敗ばかりしていた自我状態であることに気づきました。そして，病気を抱えた低体重の子どもが生まれたことは自分の責任であり「失敗」であると感じていたこと，そこに生い立ちの記憶がからんでいることがわかりました。そして，母子ともに，妊娠・早産・手術という子どもを授かる医療的プロセスにおけるたくさんのつらい記憶が，未処理のトラウマとなっており，現在の感情制御困難に影響していたことがわかり，子どもへのEMDR療

法も合わせて行うことで，母子の愛着も子どもの発達も修復されていきました。

　Fさんは，小学生のときに2歳の弟を事故で亡くすという体験をおもちでした。両親はその事故を契機に離婚し，自責に苦しむ実母を支える「よい子」として育ちました。Fさんは，わが子が2歳になったころから，「いやいや」を言われると耐えられず，子どもを叩いてしまい自責に陥るということを繰り返し，相談当時6歳になっていた子どもとの関係においては，子どもの母を責める言動が刺激になり，虐待状態に陥っていました。Fさんのケースは，幼児期から子育て困難が生じ，長期にわたって継続していた事例でした。EMDR療法を実施する中で，わが子が，亡くなった弟と同じ年齢になったころから，弟の死の責任を抱えて苦しんできた小学生の自我状態が登場していたことがわかりました。そして，電車の中で泣きわめくわが子にパニックになったFさんは，あやうくわが子を窒息させてしまうところだったという危機を体験し，そのことでまた自分を責めるということの中で悪循環が構築されていました。EMDR療法は，弟の事故死をめぐって生じた両親の苦しみと自責の中でひたすら「よい子」として生きてきたFさんが，過去の記憶から自由になることを可能にしました。

　援助者として忘れてはならないのは，「よい子」であったことは，まったく悪くはないということです。過酷な環境の中で「よい子」として生きてきたということは，能力であり社会性です。「よい子」になることを助けてくれた，縁の下の力持ちである怒りモードや抑うつモード，たくさんの子どもモードたちに，実感をもって「ありがとう」を言ってあげれば，それで統合されるのです。

4．脳の中の感情制御のしくみ

　子どもの言動にカッとなってしまうとき，母たちは「感情制御の困難」

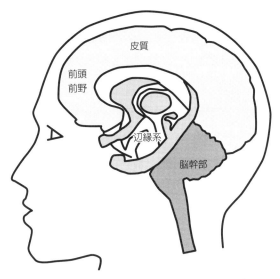

図5　側面から見た脳の三層構造のイメージ

という状態に陥っています。複雑性トラウマにより感情制御の困難が生じるしくみを理解するために，まず，脳の中の感情制御のしくみを説明したいと思います。

　いやな気持ち，不安や恐怖や怒りの感情がおさまるとき，脳の中では何が起こっているのでしょうか？

　脳は中心部から外側に向けて，三層の構造をなしています。脳幹部・辺縁系・皮質の三層です。脳幹部は，身体の生命維持に関する仕事を行い，辺縁系は感情や身体を司り，皮質は人間の高度な能力を実現する場所とされています。皮質の前頭葉にある前頭前野には，意志の力で行動する実行機能の役割があります。

　人間は，この三層の脳のすべてがネットワークを構築して連携し，複雑な情報のやりとりを行うことによって生きていますから，単純化できるものではないのですが，人が感情制御できない状態に陥るとはどういうことなのかを理解するために，最低限必要なレベルでの説明を試みます。

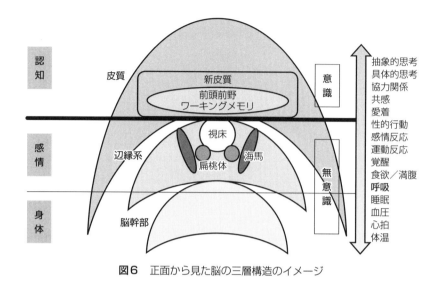

図6 正面から見た脳の三層構造のイメージ

　図5は脳を横からみたところ，図6は正面からみたところを図式化したイメージです。皮質下構造（辺縁系・脳幹部）には命を守るための重要な機能が生来的に備わっています。そして，情動や記憶に深く関係する「海馬」や「扁桃体」があります。

　私たちは一般に，不安や恐怖や痛みなどはないほうがいいと思っていますが，実はとても大事なものなのです。そもそも負情動や身体感覚というものは，ストレス状況にあるということを自身に伝える脳の反応であり，理性や認知による判断（前頭前野）よりも早く的確に行動することを可能にするといわれています。命を守るための本能的な能力，機能なのです。たとえば，高い危険なところに登ると足がすくんで恐怖を感じます。認知的に「安全だ」と認識していても，身体が恐怖を感じてすくむという反応をします。この反応が，図7に示した「負情動・身体感覚」の部分にあたります。

　人がなんらかの危険な状況にあるとき，「不安」「恐怖」「痛み」などの生体防御反応が，辺縁系・脳幹部領域から生じることにより，私たちは命

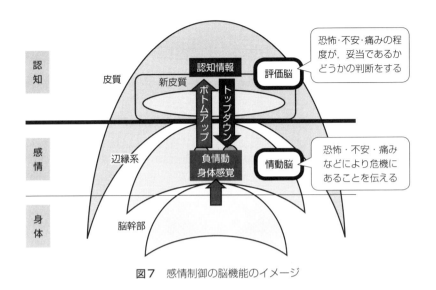

図7 感情制御の脳機能のイメージ

を守るための行動を選択することができます。皮質下で本能的にキャッチした負情動・身体感覚の情報は，前頭前野を中心とした評価脳に送られ（ボトムアップ方向），認知的情報が皮質から皮質下へ（トップダウン方向）伝えられます。このように，不快感情の制御は，辺縁系・脳幹部と前頭前野との間の情報のやりとりによって行われています。

　具体例をあげましょう。少し大きめの地震がきたとします。私たちは身体が固まって恐怖を感じます。そして「震源は？　震度は？」と思い，今感じている不安をどのように判断すればいいのか，認知的な情報を集めます。そこで，心配しなくてよい地震だという情報が得られれば，自動的に恐怖は消えます。このようにして，トップダウン方向の情報の流れによって，恐怖が自動的に制御されたといえます。しかし，もしも「津波警報」という情報が得られたならば，皮質下では，交感神経にスイッチが入り，心臓をドキドキさせ，走って逃げることができるような生理的反応を身体が準備します。そして，命を守ろうとする反応が自動的に作動します。つまり，おおざっぱにいえば，図7に示した回路は，感情制御の回路である

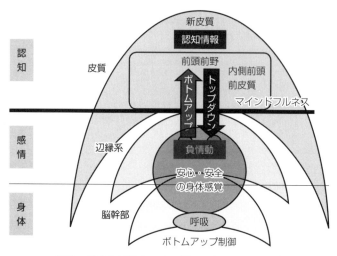

図8 健全な愛着とマインドフルネスのイメージ

と同時に命を守る回路なのです。

　図8は，いやな気持ちが安心感により制御された状態のイメージです。恐怖を感じたあとに，安心して恐怖がおさまるとき，図8のように，皮質下で，恐怖の感情が安心・安全な感情・身体感覚に包まれている感じになります。ここで重要なのは，「皮質下で」生じているという点です。「皮質下で」とは，「理屈ではない，本能的な感覚で」ということを意味しています。

　それは，泣いていた赤ちゃんがお母さんに抱っこされて安心するときのイメージと同じです。つまり，親子の間に，健全な愛着の関係が形成されているということは，脳の中では，図8に示したように，皮質下で負情動と安心・安全が同居できるということを意味しています。赤ちゃんは，まだ新皮質が育っておらず，皮質下だけで生きています。赤ちゃんは安心と安全の感覚のみで生理的状態を整えているのです。

　同時に，図8のイメージは，マインドフルネスの状態を表しているともいえます。マインドフルネスは，前頭前野（新皮質）と辺縁系・脳幹部

（皮質下構造）とがスムーズにつながり，脳全体が機能することにより，認知と身体のつながりが維持されている状態であり，それは深い呼吸と瞑想により得られる状態でもあります。認知と身体がつながっている状態（エンボディされた自己 enbodied-self）といわれます。

　マインドフルネスは，ストレスフリー（ストレスに強い状態）につながるといわれ，近年はマインドフルネストレーニングという形で，欧米で流行しているストレス解消法でもあります。ストレスに強くなる理由は，図8に示したように，不快感情を安心・安全な身体感覚で抱えるという望ましい制御の方法を活性化させ，内側前頭前皮質により内的自己の状態に客観的に「気づく」ことを可能にするからです。マインドフルネスの状態にあると，「不安を感じていることに気づいて不安のままでいることができる」という形で，不安が制御されることになります。「制御されずに制御される（押さえ込まずに制御される）」という状態であり，認知的に考えると理解できないかもしれません。

　日本マインドフルネス学会のウェブサイト（http://mindfulness.jp.net/）に，マインドフルネスの定義は「"今，この瞬間の体験に意図的に意識を向け，評価をせずに，とらわれのない状態で，ただ観ること"と定義する。なお，"観る"は，見る，聞く，嗅ぐ，味わう，触れる，さらにそれらによって生じる心の働きをも観る，という意味である」と示されています。マインドフルネスの状態を実現している人が，マインドフルネスの状態を言語化するとこのような定義になると理解するとわかりやすいかと思います。マインドフルネスの状態にない人がこの定義を認知的に理解すると，それはマインドフルネスではなくなるというところは，「禅問答」のようなものです。

　EMDR療法により，過去のトラウマ記憶が再処理され「治った」という状態は，図8に示したマインドフルネスを実現した状態になるといえます。マインドフルネスの状態とは，自分の身体の感覚や身体からわきあがってくる感情などをあるがままにそのままあるものとして，評価すること

なく，ただ感じ，受け入れることができる状態なのです。

　「子育て」ということについていえば，子どもに泣かれたりぐずられたりしたときに，「困ったな，やだ，もうどうしよう」と思うこと，それはなくなりません。そう感じるのはふつうのことだからです。それは「ただ，そう感じる」ということ，「感じたままでいられる」ということ，「困ったな，やだ，もうどうしよう」と感じているけれども，それを感じたままでいられれば感情制御困難には陥らないのです。そして，子どもの寝顔を見れば，また幸せを感じられるのです。

5．単回性のトラウマと感情制御の脳機能

　単回性のトラウマ（自分や愛する人の生命の危機に瀕するような外傷体験）に遭遇した場合，脳の中では次のような反応が生じます。生命の危機という衝撃に対して，皮質下において命を守るための反応が反射的に生じます。Fightファイト（闘争）・Flightフライト（逃走）・Freezeフリーズ（凍結）といわれる反応です。サバイバル反応と呼ばれるこの反応は，無意識的・反射的な反応です。意志の力でコントロールすることはできません。図9，図10に示したように，それは皮質下で生じます。

　たとえば，突然の爆発に遭遇すれば，荷物など置きざりにして，何も考えず反対方向に向かって走ることでしょう（逃走反応）。突然誰かに襲われれば，反射的に身を守るために腕を振りまわしたり，足で蹴ったりすることでしょう（闘争反応）。そして，闘争・逃走反応によって命を守ることができないような状況下においては，感情と感覚がシャットダウンされる凍結反応によって，感情と感覚を感じなくなることで命を守るという反応ができる機能が脳には備わっています。これらのサバイバル反応は一時的なものですので，危険な状況が去れば，この反応が自動的に解除されて，図8（92頁）に示したように，皮質下に安心・安全を感じることができる状態に戻ることができます。

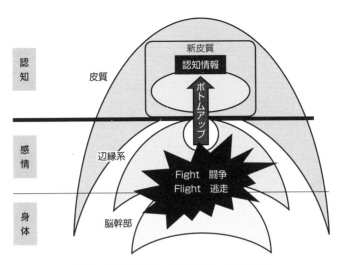

図9 脅威を感じたときの闘争・逃走反応

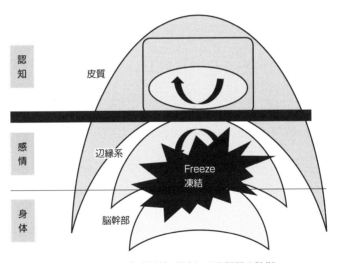

図10 フリーズ（凍結）反応による解離の防衛

しかしながら，その外傷体験の衝撃が大きすぎる場合や，その他の環境要因との関係で，危険な状況が去っても，サバイバル反応が自動的に解除されず，似たような刺激に過敏に反応するという症状が残ってしまうことがあります（図9）。その状態を（単回性の）PTSDといいます。単回性のPTSDは，生命の危険をともなうような外傷体験により，誰にでも生じる可能性があります。このような外傷体験は「ビッグT（Trauma）」と呼ばれます。

　図9の闘争・逃走反応によって危機が回避されない場合には，図10に示したように，自動的にフリーズ（凍結）反応が作動して，身体感覚や感情を遮断することで，命が守られます。しかしその結果，本来身を守るための本能的な闘争・逃走反応が遮断され，そのエネルギーが封印されてしまい，記憶の要素（認知・視覚・聴覚・感情・身体感覚）が統合を失います。そうなると日常の睡眠下での記憶の処理作業では対処しきれず，トラウマ記憶として残ってしまうのです。

　たとえば，交通事故から1年が経っているのに，恐怖の身体感覚により事故現場の交差点を通ることができないというような状況では，次のことが起こっています。事故当時，命を守るためにフリーズ（凍結）反応により解離されていた記憶とそれにともなうエネルギーが，その「現場」という刺激によってフラッシュバック（再体験）し，そのフラッシュバックという反応によって，再びサバイバル反応が作動し，過覚醒となり（脅威の感覚），そのため回避症状が生ずる形でPTSDの症状が生まれます。フリーズ（凍結）反応による解離の防衛は，人格の構造的解離理論（Van der Hart et al., 2010）における一次解離反応のレベルにあたりますが，皮質と皮質下とのつながりが遮断されることで，感情と身体感覚を感じないように防衛されるのです（図10）。

　特に，乳幼児期の病気やそれにともなう身体への治療行為が，単回性のトラウマを形成し，子のトラウマ反応をめぐる親子の混乱状態の中で複雑性トラウマに発展していくという例が，きわめてたくさん起こっているよ

うに思います。乳幼児は状況を認知的に理解して自己制御する（我慢する）ことはできないので，ゆえに，身体拘束により強制的に侵襲的な治療を行うということはやむを得ないことととらえられがちです。しかし，拘束状態での歯科や耳鼻科の治療という日常的な医療行為においても，そこで体験している恐怖とそれにともなう闘争・逃走反応の封印は，容易に凍結反応を固着させるので，トラウマとなることがあります。

　ポリヴェーガル理論（複数の迷走神経に関する理論）は，人間が育つためにどれほど「安心・安全」という感覚が重要であるのかということについての生理学的な根拠を教えてくれました（Porges, 2007）。

　ここまで述べてきたように，人はなんらかの脅威にさらされると，交感神経が興奮してアドレナリンが分泌され，身を守るために闘争（Fight）・逃走（Flight）反応が生じます。しかし闘争・逃走反応で身を守れない状況下にあれば，副交感神経の背側迷走神経が作動して，シャットダウンし，凍結（Freeze）反応に転じます。しかし社会交流システムである副交感神経の腹側迷走神経が活性化されていれば，シャットダウンは解除され，他者とつながることができるといいます。腹側迷走神経を活性化するために必要なのは安心・安全な関係性であり，安心・安全であれば背側迷走神経は作動しないのです（Porges, 2007）。

　つまり，私たちの行動は，外界の知覚を通して，意志よりもはるかに早く確実に生理反応によって規定されてしまっているということです。

　ここで述べてきたことは，EMDR療法に限らず，近年のさまざまなトラウマ臨床において共通認識となっている考え方です。その前提として，ポリヴェーガル理論が取り入れられています。詳細を知りたい方は，ベッセル・ヴァン・デア・コークの『身体はトラウマを記録する』の第2部（pp.88-172），ピーター・A・ラヴィーンの『身体に閉じ込められたトラウマ』などが参考になるでしょう。ポリヴェーガル理論については，ステファン・W・ポージェスの『ポリヴェーガル理論入門』が読みやすいかと思います。

6．複雑性トラウマと感情制御の脳機能

　生命の危機に関わるようなトラウマ「ビッグT（Trauma）」は，誰にでも（単回性の）PTSDを生む可能性があります。しかし，複雑性トラウマは，「スモールt（trauma）」と呼ばれる，主観的・実存的なつらい体験の積み重ねによって生じます。「スモールt（trauma）」には，あらゆる屈辱や失敗や喪失の体験，それにともなうさまざまな不安や愛されていないのかもしれないという孤独感や自責感や恥などが含まれます。EMDR療法においては，これらの記憶をDSI（Dysfunctional Stored Information：機能不全的に貯蔵された情報）といいます。

　そして「スモールt（trauma）」の雪だるま状態である複雑性トラウマの有無は，人が「ビッグT（Trauma）」に遭遇したときの反応や，レジリエンス（回復力）に大きな影響を与えます。しかし，主観的・実存的なつらい体験である「スモールt（trauma）」は，複雑性トラウマを構築してしまう場合と，そうならない場合とがあります。そのことを説明していきたいと思います。

　乳幼児期に日常的に，図8（92頁）の状態でいることができない環境で育つと，日常生活の場面で，図9・図10（95頁）の反応が起こることになります。乳幼児期には，皮質下の欲求を泣き・ぐずりで表出し，保護者である親が欲求を満たすとともに，抱いて安心を与えるという親子の関係性（広義の「愛着（アタッチメント）」）が，感情制御の機能の育ちのためには必須なのです。

　しかし，子どもの泣き・ぐずりの声に親が苦痛を感じる状態にあり，虐待や体罰などが行われてしまうとき，あるいは，病気などのやむをえない状況の中で，十分に皮質下の欲求が満たされない状況が生じてしまうとき，図9のサバイバル反応が生じることになります。大人からみれば，生命の危機とは思われない状況であっても，乳幼児の脳は未熟であるがゆえに，

サバイバル反応でしか自己を守ることができないのです。

　人間の子どもは，親・大人に愛され保護されることによってのみ，生きることができる存在です。1人では生きられない存在として誕生しているのです。闘争・逃走反応によって愛と保護を得ることが難しい状態にあれば，簡単にフリーズ（凍結）反応に転じます（図10）。それにより適応を果たし，過覚醒状態（闘争・逃走反応）と一次解離状態（凍結反応）を行ったり来たりする反応を繰り返します。そのような防衛反応を繰り返しながら，親・大人に適応するためのアクションシステムが作動する中で，親に適応するための自我状態が生み出されていきます。

　その状態を図式化したものが図11です。子どもは「親が肯定してくれる感情」をもっている自我状態から，「親が否定する感情」をもっている自我状態を解離させることで，親に適応します。そして，図10に示したフリーズ（凍結）反応による解離の防衛が，さまざまなシチュエーションに応じて複雑に組み合わされて，状況に応じた複数の自我状態が作られていきます。

　要するに，乳幼児期の親子の関係において，図8（92頁）の状態が安定していない場合には，小さな不快にももちこたえることができないので，「スモールt（trauma）」であっても，「ビッグT（Trauma）」の反応が使用されてしまうということなのです。

　特に日本人の場合は，親や学校での適応モード「よい子モード」は，怒りや不満を表出せずに，いつも元気ににこにこしていて，他者を明るい気持ちにさせてくれる自分であることが求められています。一方で，怒りや悲しみ，不安や恐怖などを抱える自我状態は，ひっそりと息を潜めて，「よい子モード」の邪魔をしないようにして生きています。この自我状態が，「スモールt（trauma）」のトラウマ記憶を抱えます。

　複雑性トラウマが症状化しているときには，図11（図3・83頁）で示したような状態に陥っているといえます。解離構造により適応するという方略を身につけ，ネガティヴな自我状態が暴走するという問題を抱えている

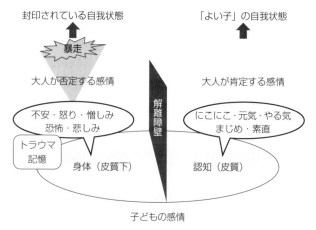

図11 「よい子」適応による自我状態のイメージ

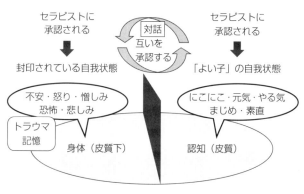

図12 自我状態のワークのイメージ

状態です。

　感情コントロールできない子どもたちの多くも，複雑性トラウマが症状化した状態に陥っています。感情制御の困難は，複雑性トラウマの症状化であると見立てることにより，自我状態の統合をうながす支援を行うことで改善することが可能になります（子どもへの対応については，拙著『子どもの感情コントロールと心理臨床』を参考にしてください）。

図13 自我状態の統合

7．自我状態の統合

　図11の状態が治るということのイメージを図12と図13に示しました。第1章の事例の中で記述した，自我状態の統合のプロセスです。
　なぜ，解離した自我状態の構造ができあがってしまうのかといえば，親から愛されていない自我状態が存在するからなのです。親に愛されるために必要な自我状態だけが「よい子モード」となり，親に愛されるという目的のために邪魔な自我状態は遠ざけられるのです。自我が統合されるために必要なことは，その必要ないと思われていた自我状態に光をあてること，大事な存在なのだと伝えること。セラピーの場面では，これがセラピストによって行われる必要があります。
　しかし，それだけでは不十分なのです。その人の中の適応（よい子）モ

ードが，自分の中のその他の存在を受け入れる，受け入れ合うことが必要
です。つまり，治療場面においては，封印されていた自我状態の役割に適
応（よい子）モードが気づき，感謝するというプロセスが必要になります。
それが「自我状態のワーク」といわれる方法です（図12・図13）。

　心の中にある複数の自我状態というものの相互の連携の程度によって，
精神病理の深刻度（解離の度合）に違いが生まれます（144頁）。複数の自
我状態が，統制を失って，通常の日常生活が成立しない状態になっている
のであれば，それは解離性同一性障害（いわゆる多重人格：三次解離）と
診断される状態であるかもしれません。しかし，図11の解離構造（一次解
離）を抱えていても，適応的な自我状態「よい子モード」が日常生活・社
会生活の適応を維持していれば，それは「生きにくさ」や時々「抑うつ」
という程度の問題で過ぎていくことでしょう。なぜなら，複数の自我状態
が構成されること自体は，そもそも生きて適応するための脳の機能だから
なのです。

　自我状態療法は，もともと精神分析（精神力動派）や催眠療法の流れの
中で発展してきた理論・方法です。本来は催眠下で自我状態の統合をうな
がす方法論ですが，EMDR療法を実施する中で，両側性刺激を使用して
いくと，第1章の事例で示したように，ごく自然に自分の中にあるさまざ
まな自我状態に気づくということが起こります。そのため，サンドラ・ポ
ールセンがEMDR療法の中で自我状態を扱うことを推奨し，その方法を
示してきました（Paulsen, 2009）。

　自我状態療法そのものについては，ジョン・ワトキンスとヘレン・ワト
キンスの『自我状態療法』を参考にしてください。また，自我状態を統合
する方法としては，リチャード・シュウォーツの内的家族システム療法
（IFS：Internal Family System Therapy）もあります（Shwartz, 2019）。心
の中の自我状態同士の関係を内的家族システムととらえて，互いを受け入
れ合うことをうながす方法です。

　本書では，私自身が“日本人の”クライエントさんとの臨床経験を通し

て学んできたことの中で実践してきた方法を用いているため，欧米で開発
された方法をそのまま使うということはしていません。そのため「自我状
態のワーク」という言い方をしています。その中には，上記に加え，セン
サリーモーター・サイコセラピー（Sensorimotor Psychotherapy）（オグデ
ン他，2012）で用いられる方法なども応用しています。

8．複雑性トラウマの症状化

　第3章に述べますが，日本人の場合，一次解離の防衛が機能することで，
「（怒りを表出しない）よい子」の自我状態を実現することが「適応」にほ
かならないという側面があるのです。そのため，「スモールt（trauma）」
だけの体験であっても複雑性トラウマ状態に陥りますし，無意識のうちに
複数の自我状態を抱えます。しかし，そのまま症状化はしていない「ふつ
うの人」がたくさん存在します（図2・82頁）。
　わが子を出産したあと子育て困難に陥る方たちのほとんどが，この状態
にあります。出産前は，「よい子モード」だけで安定して生きることがで
きていたのに，出産したら，これまで封印していたモードが無意識のうち
に登場して，混乱が生じてしまうという状態です（図3・83頁）。子育て
困難は，いわば「出産を契機にした（出産性の）」複雑性トラウマの症状
化であり，"子育て場面限定の複雑性PTSD症状"ととらえることができ
るのです。そしてそれは，大人から評価される「（怒りを表出しない）よ
い子」として頑張ってきた多くの親たちが抱える困難なのです。
　2019年に，WHO（世界保健機関）による国際疾病分類第11版（ICD-
11）に「複雑性PTSD（CPTSD）」が公式診断として収載されることにな
りました。これまで「発達性トラウマ障害」や「DESNOS（他に特定さ
れない極度のストレス障害）」（ヴァン・デア・コルク他，2001，p.231）とも呼
ばれ，DSM-5には収載されなかった「複雑性PTSD」が，ICD-11で公式
診断になったのです。このことにより，「今後はその定義に制約され，実

際の臨床場面において，これまでのように個々の臨床家のセンスと着想によるいわば私家版のCPTSD診断を主張できる余地はほぼなくなる」（飛鳥井，2019）といわれています。

ICD-11における「複雑性PTSD」では，（単回性のビックTによる）PTSDにみられる「再体験，回避，脅威の感覚」の症状に加えて，「自己組織化の困難（感情制御の困難・否定的な自己概念・対人関係の障害）」を示すと定義されています。

しかしながら臨床現場においては，この定義にあてはまらないけれども，複雑性トラウマの影響であると考えることが有効な事例はたくさんあります。したがって本書では，「複雑性PTSD」という表現ではなく，「複雑性トラウマの症状化」という表現を用いています。一般には，複雑性トラウマ＝複雑性PTSDととらえがちですが，複雑性トラウマを抱えていることと症状化していることは別のことであり，症状化していてもICD-11の定義を満たさないことも多いかと思います。

EMDR療法を行うと，自我状態の存在が認識されやすくなりますが，あくまで日常生活において適応が維持されている人は，図2（82頁）の状態にあり，それは「複雑性トラウマを抱えているけれども症状化していない人」です。「患者」ではありません。「複数の自我状態があること」は「解離性障害」とイコールではないということです。社会生活において，解離性の行動や症状により問題が生じているのかどうかをきちんと見極めることが重要です。

子育て困難を抱えている方，子どもの問題で相談にくる社会適応している親の立場の方たちは，複数の自我状態を抱えていても，「患者」ではありません。しかし，家族という親密な関係性の中で暴力（虐待・DVなど）が起こるときには，その関係性に限定した複雑性トラウマの症状化が起こっていると考えることで，何をどう援助するのかが見えてきます。

アナベル・ゴンザレスの*"It's not me. Understanding complex trauma, attachment and dissociation"*には，平易な言葉で，複雑性トラウマが人に

与える影響が詳細に説明されています。

9．感情制御の脳機能の点からみた愛着の相互作用

「赤ちゃんが泣き，母が赤ちゃんを抱きあげ，赤ちゃんが泣きやむ」その繰り返しの中で母は，自分には子どもを守る力があるのだということへの自信を獲得し，母としての自分を確立していきます。このプロセスが順調に進めば，子育ては幸せを生み出すものとなります。しかし，子育て困難が生じているときには，このプロセスが「重労働」になってしまっています。

ここまで説明してきた感情制御の脳機能のしくみを，ここでは母子の相互作用にあてはめてみます。図14は健全な愛着のシステムが機能しているときのイメージです。

図14-① 子の皮質下において，負情動が喚起されると，子は情動性発声といわれる「泣き・ぐずり」によって，母に対して助けを求めます。これは動物にもみられる，命を守るための愛着行動です。

図14-② 子の泣きやぐずりは，母の皮質下での内臓感覚レベルでの共鳴を引き起こします。母は本能的に子の求めを身体感覚としてキャッチするのです。これは情動調律といわれている反応でもあります。

図14-③ 母は本能的にキャッチした感覚に基づいて，子が求める安心を与えるためにすべきことをします。体性レベルの共感行動とは，授乳したりおむつを取り替えたりすることのほか，抱き，目を見て声をかけ，微笑むなどのあやす行為などを意味しています。

図14-④ 「怖かったね」「いやだったの，そうなの」といった母のリズミカルな声かけなどにより，子の負情動は言語化され，安心

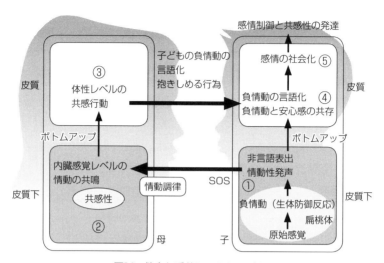

図14 健全な愛着システムモデル

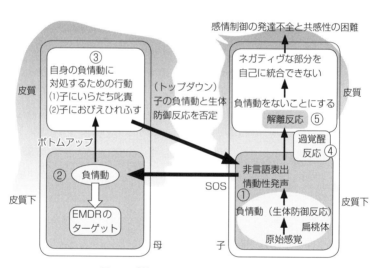

図15 愛着システム不全状態のモデル

に包まれて制御される状態に至ります。図8（92頁）に示した状態です。

図14-⑤　このような相互作用により，子の皮質領域においては，成長とともに，感情が社会化されるプロセスが進み，年齢相応の感情制御の能力が発達していきます。

　一方，図15は，子育て困難が生じているときの母子の相互作用のイメージを示したものです。

図15-②　子の泣きやぐずりを聞くと，その刺激によって，母の皮質下に負情動とそれにともなう身体感覚が喚起されてしまいます。そのため，子のニーズに対して適切な情動調律が行われない状態に陥ってしまいます。

図15-③　そうなると母は，自分自身の皮質下を支配している負情動をおさめるための行動をとることが優先される状況に陥ってしまいます。子の泣きやぐずりが原因なので，子に対して，叱責したり，無視したり，避けたり，拒絶したりする場合もあれば，反対に，子の泣きにおびえ，泣きやませるために子にひれふしてしまう場合もあります。

　この状態への理解をうながすために，例をあげます。たとえば，足下にゴキブリが5匹近寄ってきているというような状況をイメージしてみてください。その瞬間，必死にゴキブリから身を守る反応をとることと思います。必死に逃げる（逃走反応）人もいれば，スリッパをもってゴキブリを追いかけまわす（闘争反応）人もいることでしょう。この状況では，ゴキブリという刺激によって，皮質下に不快が生じ，本能的にその不快に対処するためだけの行動をとることになってしまうということです。

　わが子をゴキブリにたとえるのはいかがなものかと思われる方もいるかもしれませんが，子育て困難で苦しむ母たちは，かわいいわが子なのに，泣きやぐずりによって，あたかもゴキブリに襲われているかのように，皮質下に巨大な不快がわいてきてしまい，そのことに必死に対処しなければ

ならない状況に陥ってしまうのです。その結果,「虐待」あるいは,泣か
せないために「子どもにこびてしまい,しつけができない」という状況が
生じます。

図15-④　子どもにとって,それは母からの保護が得られない危機を意
　　　　　味し,過覚醒反応（闘争・逃走反応）が生じ,激しいかんしゃ
　　　　　くや攻撃的行動が生じます。図9（95頁）に示した状態です。

図15-⑤　しかし闘争・逃走反応は,母との関係においては,状況を悪
　　　　　化させるだけになるので,自動的に解離反応（凍結反応）に
　　　　　転ずる防衛が作動します。図10（95頁）に示した状態です。
　　　　　このような反応が慢性的なものになると,解離された負情動
　　　　　と身体感覚は自己に統合されず,年齢相応の感情制御の能力
　　　　　を発達させることができなくなります。この関係性が慢性的,
　　　　　長期的に継続することで,解離が進行し,つながりのない複
　　　　　数の自我状態が構成されていくことになります。

　第1章のAさんは「子どもが大きな声で泣くと」,Bさんは「子どもが
『帰らない！』と,言うことを聞いてくれないと」,Cさんは「子どもの指
しゃぶりを見ると」,Eさんは「子どもがかんしゃくを起こすと」,Fさん
は「子どもに責められると」,怒りを止められない状態に陥っていました。
これらが,図15の①→②の反応になります。Cさんの「不登校をしてきた
私がダメ人間だから,子どもの指しゃぶりが生じている」という物語も,
②で生じている「指しゃぶりをみると喚起される怒り」の理由づけ,つま
り③「自身の負情動に対処するための行動（認知)」の1つなのです。

10. 子育て困難の援助の基本

　(1)まず,第1章に示したように,子育て困難は「人格の問題」ではなく
「記憶の問題」なのだということ。援助者がこの認識をもつことは,母た
ちの「援助を受けることへの敷居」を低くすることでしょう。

(2)「記憶の再処理」は，EMDR療法を行わなければできないというものではないということ。「記憶の再処理」は，日常的な関係性の中でも，偶発的にごく自然に生じているものです。たとえば，つらい記憶を語り，感情を吐き出し，思わず泣き出したところを抱きしめてもらい，しだいに安心していくというような，家族や恋人との関係性の中で，記憶の再処理が起こっているのです。受け止めてくれる人の腕の中でいっぱい泣いて，なんだかすっきりしたというような体験です。

　信頼関係と受容・傾聴に基づくベーシックなカウンセリングを重ねるということもまた，カウンセラーの安定的な態度による受容により，つらい記憶とそれにともなう感情・身体感覚の反応の回路に，新しい学習と変化をもたらします。そもそも，傾聴に基づく良質のカウンセリングというものは，受容的対話という刺激によって，クライエントさんの過去の記憶とそれにまつわる神経回路の変化，すなわち記憶の再処理というものを生み出しているのです。

　ですから，日々の臨床の中で，ていねいにクライエントさんの声を聴いている援助者の方たちが，この本を読むことを通して，子育て困難に苦しむ母たちの援助をどのように行っていけばよいのかというその方向性に，確信をもってもらえたらと思っています。

　(3)図15-②に注目してケアするということ。EMDR療法を用いない場合にも，援助者が子の言動によって引き起される母の不快感情と身体感覚（図15-②）に注目することが重要です。

　一般的に療育機関や子育て相談などで行われている母面接は，いわゆる「ガイダンス面接（導き教えるための面接）」であることが多いのではないかと思います。ガイダンス面接では，適切な母役割を教えることが中心になりますので，援助者は図15-③に注目していることになります。つまり「母が子どもを叱りすぎている」「母が子どもに振りまわされすぎている」など，母の子に対する不適切な関わりに注目し，それを改善するためのアドバイスを行う形の面接です。しかし，ガイダンス面接の枠組では，母の

第2章　子育て困難と複雑性トラウマの理解　109

関わりのまずさを指摘することになりますので，母は自信を失い，否定的自己感を高めてしまいます。

　ゴキブリのたとえでいえば，必死にスリッパをもってゴキブリを追いかけまわして身を守ろうとしているところで，その行動を批判されるようなものです。「じゃあ！　どうすればいいの！」という怒りの気持ちがわいてきます。むしろ，ゴキブリがやってきて「怖かった」「パニックになっちゃった」というところをケアしてもらうことが重要なのです。

　援助者が，図15-②に着目し，母自身が感じている不快に対する深い共感と理解を示すことが，信頼関係を作ります。人は，自分のつらさを理解してくれる人がいるということによって支えられるのです。そして，自分に何が起こっているのかということを理解できるようになります。その中で，図15-②の反応の下には過去の記憶があるということをふまえて，「イライラするのは，人格の問題ではないのです」と伝え，「これまで，たくさんのつらいことを一生懸命我慢してきたのですよね」と母が抱える苦しみへの共感を示すことができると，母は自分の人生について語ることができるようになります。その語りを共感的に傾聴することができれば，上述したように，記憶の再処理が生じることにつながるのです。

　(4)「呼吸をすることでおちつく体験」を援助するということ。「意識的に呼吸をして身体がおちつく体験」は，図16に示したように，脳の全部を使い，マインドフルネスの状態を作りやすくします（図8・92頁）。意識して呼吸を行うことは，腹側迷走神経を刺激しておちつくとともに，社会交流システムを活性化させるのです（97頁）。

　ですから「意識的に呼吸をして身体がおちつく体験」を支援することは，それだけで十分に安定化のための援助になります。援助者が，クライエントさんがつらそうな様子，話したくなさそうな様子をしていたら，そのことにちゃんと気づき「話さなくてもいいんですよ」と伝えて安心を与え，ただ，呼吸をして身体が楽になるということを体験してもらえる関係を築くこと，それが大きな援助になります。

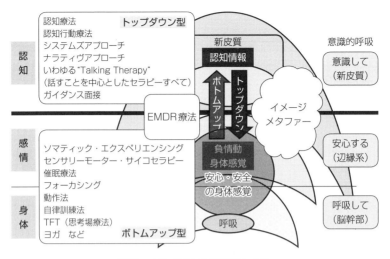

図16 さまざまな心理療法と介入

　イメージやメタファー（遊び）のようなものは，「意識的に呼吸をして身体がおちつく」ためのワークと一緒に取り組んでいただくと，安心・安全を感じるためにとても有効です。第１章の中で示したように，安心・安全な状態や場所のイメージをもってもらい，深く呼吸をし，身体がおちつける感覚を体験してもらうこと。そのとき，その安心・安全のイメージを絵に描くとなお効果的です。それができたら，お子さんの泣き声などをイメージして，いやな気持ちがわいてくることを意識してもらった状態で，呼吸をしながら，安心・安全のイメージをもつことで自分の気持ちがおさまるという体験を，面接の中でカウンセラーと一緒に行うことができると，大きな援助になります。

　図16に示したような，身体に働きかける技法，自律訓練法や動作法，リラクゼーションの技法などと組み合わせることも役立つことと思います。重要なのは，呼吸を用いて，身体の安心を感じるというプロセスを大切にするということです。

　援助者の前で，一緒におちついて呼吸をして，「今，ここ」でおちつけ

たという体験をすることだけでもよい効果がありますので，保健師や保育士，小児科診療などの現場での支援の中でも，呼吸に意識を向けてみてください。

(5)図16には，さまざまな心理療法が扱う領域のイメージを記載しました。どの心理療法でも，クライエントさんが治ったという状態になったときには，脳の中の感情制御の機能が回復し，認知と身体がつながった状態，マインドフルネスの状態にいたっているものです。EMDR療法は，身体・感情・認知のすべてを同時に活性化させて，機能不全的に貯蔵されていた記憶（DSI）の再処理を行うので，「高速道路」でゴールに到着するのです。

皮質下に働きかける技法（ボトムアップ型）を用いることができる場合は，上述したように安心・安全の身体感覚を強化するセッションをもつことが，子育て困難に対する大きな援助になります。

しかし，子育て困難への支援という点に限っていうならば，認知の側面に働きかける方法論（トップダウン型）は不向きといえます。それは，図15-③（106頁）の不適切な関わりに焦点をあてることになるからです。前述したガイダンス面接はトップダウン型に入ります。

子育て困難に対して効果的な支援を行うためには，図15-②に示した，子どもの刺激によって母の身体に感じられている不快に焦点をあてることが必要です。ですから「意識的呼吸により安心感を得ることができる」ようにサポートするという支援が，その基本となります。

11. 援助の悪循環に陥らないために知っておくべきこと

前述したように，自我状態のワークはもともとEMDR療法とは別の方法論ですので，EMDR療法を使わない方も実施することが可能です。その場合も，前述したように，「意識的に呼吸をして身体がおちつく」体験ができること，それをうながすことができる援助者との関係性が前提とな

ります。ポリヴェーガル理論が教えてくれているように，変化を起こすために，クライエントさんがその援助関係を安心・安全と感じていることが必須であり，援助者のクライエントさんへの共感と傾聴が基本なのです。

第1章に示した事例において，Dさん・Eさん・Fさんは，EMDR療法を行う前から，自我状態（複数のモード）がスイッチしているという自覚をもっていましたが，Aさん・Bさん・Cさんは無意識でした。このような場合，「何歳の私？」などという形で自我状態を意識化させることは，ある意味メタファーでもありますが，一連の記憶の反応群であるアクションシステムというネットワークに変更を加えようとするときに，このようなメタファーは不思議なくらい，クライエントさんの感覚とフィットします。

Dさんは最初から，自分がいじわるモードになっているという自覚がありました。このような場合，「よい母モードがいじわるモードを排除しようとする努力によって，解離が強化されてしまっていること」を視野に入れる必要があります。第1章に示したように（46-47頁），セラピストは「いじわるモードの役割と存在を認めている」ということを伝えることが重要です。「怒りモード」も「いじわるモード」もみんな大切な存在であり，「適応モードを助けようとしている存在」なのだということを伝えます。そうしないと，「いじわるモード」は警戒してなかなか出てきてくれないので，統合が進みません。

図17に示したように，不快感情モードは，適応モードである「よい子モード」が困ると「よい子モード」を助けるために登場するという性質をもっています。これは，制御不能な暴力の問題にみられる自我状態の内的機能ともいえます。自分自身の一部である不快感情モードは，自己を助けるために存在しているのですが，それは「よい子モード」にとっては迷惑なので，個人内葛藤が生じて，解離が進行するのです。援助者の関わりが悪循環にならないためには，この構造をきちんとふまえる必要があります。

特に，不快感情モードが「最初に現れたとき」に注目することが重要で

第2章　子育て困難と複雑性トラウマの理解　113

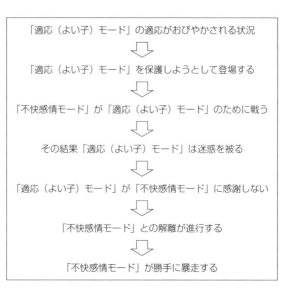

図17 制御不能な暴力の問題にみられる自我状態の内的機能

す。なぜならそれは「そのとき」に，適応モードが「とても困った状況にあった」ということを意味しているからです。そして「そのとき」に注目すると，援助者が新たな理解を得て，クライエントさんの困難に心から共感できる場合があります。

　子育て困難場面でいえば，子どものぐずりに対して「適応モード（よい母になりたい母）」が困り果てていると，「不快感情モード」が登場して，子どもを叩いてくれます。ところが，それによって，「適応モード（よい母になりたい母）」は「またやってしまった」という否定的自己感を高め，自己の中の「不快感情モード」を嫌います。そして，自我状態のワークにより，対話が可能になることで，「適応モード」が「不快感情モード」の役割を知り，感謝することができると統合が可能になります（図13・101頁）。

　援助者がこのことを知らないと，相談にいらしたお母さんが，「子どもをいじめてやりたくなって困る」と訴えたとき，援助者側は常識的な反応

として嫌悪を感じてしまいます。

このような発言があるときには，出産によって「子どもモード」の自我状態が暴走する状況になっているということを理解しましょう。そして「今，ここで相談している」ということ自体が，「よいお母さんになりたいと思っている自我状態」の存在を意味しているということに目を向けてください。

具体的には，「『いじめてやりたくなってしまう私』と『それじゃまずいと思っている私』と２つの自分がいることで，苦しい思いをしていらしたのですね」「出産することによって，心の中に『小さな私』が登場してしまうことは，めずらしくないみたいなんですよ」「『いじめてやりたくなっちゃう』って感じは，何歳くらいの感じですかね？」「幼いときから，つらいことやいやなことを我慢することが多かったんですよね」という共感のもと，話を聴いていきましょう。

援助者に「自分の話したこと」を否定されないという経験によって，「適応モード」の母は，自己の内面の「不快感情モード」と対話できるようになるのです。

12. 夫婦の関係と家族への支援

母たちの子育て困難を援助するにあたって，夫婦の関係性を視野に入れることは欠かすことができません。

実は，第１章の事例は，すべて夫婦関係良好なケースをモデルにしています。夫婦関係が良好であるということは，現在の生活において，母子の安心・安全が基本的に保障されているということになります。

夫婦関係の問題は，ある意味「現在」の問題です。「現在」の問題が深刻であれば，心は閉じる方向に向かいますので，まだ過去の記憶の問題を処理する段階にはないといえます。その場合はまず，「現在」の問題，葛藤の解決について相談を行っていくことが必要になります。

夫婦間暴力（DV）や嗜癖・依存の問題（ギャンブルやアルコールやゲーム依存など），浮気などの婚外交渉の問題などが，もともとある場合もあれば，子どもが生まれたあとに生じるという場合もあるでしょう。

　夫がこれらの問題を抱えているとしたら，それは，夫の側の「複雑性トラウマ」の問題であるといえます。妻がこれらの問題を抱えているとしたら，「子育て困難」以前に，妻個人の問題としてその解決を考えなければならないのは当然です。

　家族の中で夫（妻）からの暴力や人権侵害がある状況下にあれば，妻（夫）はその関係性の中でフリーズ（凍結）反応が生じ，解離します。危害を加えられる関係性に適応して生きるためには，解離するという防衛が必須なのです。妻（夫）が幼いときから「（怒りを表出しない）よい子」として育ってきている場合には，愛しているのに暴力をふるわれるという現在の関係性に適応するために，容易にごく自然に解離するということが生じます。妻（夫）が解離の防衛を使って夫婦生活に適応している状況においては，子もまた，自然に解離様式で適応する方略を学習し，身につけます。

　社会適応している夫（妻）が，愛しているはずの妻（夫）に暴力をふるうときには，本書で述べてきた「母が子に暴力をふるってしまう状況」と同じことが生じています。暴力をふるう夫（妻）は，「よい夫（妻）」になりたいと願い，なのにまた「ひどい夫（妻）」になってしまった自分に絶望し，悪循環に陥ります（図17・113頁）。

　夫婦は，性をともにする親密な関係性であるがゆえに，自己と他者の自我境界があいまいになりやすく，感情制御困難に陥るのです。

　子どもが生まれる前には問題がなかったのに，子どもが生まれたことによって，夫婦関係がうまくいかなくなるということもよく生じます。

　子どもを産むのは母ですが，一緒に生活している夫の側にも，赤ちゃんを見ていることで，さまざまな子ども時代の記憶のよみがえりが生じます。夫自身の生い立ちの中で，乳幼児期に満たされない思いを抱えていた場合

には，夫の中にも「子どもモード」の自我状態が登場します。それにより，赤ちゃんに愛情をそそぐ妻に怒りを感じたり，赤ちゃんに嫉妬したりということが生じます。赤ちゃんの存在が，原家族における「たとえば弟の存在」と重なり，子ども時代の嫉妬の感情が目の前の赤ちゃんに投影されてしまうのです。

　夫は，子どもと一緒に生活する中で徐々に「父親」というアイデンティティを獲得していきます。しかし，無意識に「子どもモード」の自我状態が登場してしまっていると，いつまでもほんとうの意味では「父親」になれないまま，月日が経っていくということにもなります。

　日本では，子どもが生まれると，夫も妻を「お母さん（ママ）」と呼び，妻も夫を「お父さん（パパ）」と呼ぶのが一般的です。これは，第3章で述べるように，日本人の自我境界のあいまいさの特徴の1つでもありますが，親になると自動的に子ども目線に立つがゆえの呼び名であるともいえるでしょう。しかし，夫の「父アイデンティティ」が安定してない場合には，妻を「お母さん（ママ）」と呼ぶことによって，父親が仕事から帰宅すると家では「子どもモード」になるということが無意識に習慣化するということも時に起こります。

　父が無意識に子どもに嫉妬するという関係性は，子どもの複雑性トラウマを生み出していくことにつながります。ですから，その感情は「過去の感情」なのだということに，父自身が気づくことが必要です。そういう意味では，子どもをもつことで生じる記憶の混乱は，出産する母だけにではなく，父にも起こることなのです。そういう父たちも，たくさんのつらい思いの中で頑張って生きてきた方たちです。

　家族療法の基本概念の中に，世代間境界と家族構造という考え方があります。世代ごとに明確な境界があることが，安定した家族構造を維持するためには重要だといわれています。世代ごとの明確な境界とは，父母は父母世代として，きょうだいは子ども世代として，祖父母は祖父母世代としてのサブシステムを構成し，そこに関係性の逆転が起こらない関係性です。

第2章　子育て困難と複雑性トラウマの理解　117

たとえば，親が精神的な病気を抱えており親役割を果たせないとき，長女が子どもでありながらも家族を支える親役割をとることとなり，それゆえに子ども時代から「（怒りを表出しない）よい子」であったというような場合，その長女は「アダルトチルドレン」と呼ばれます。アダルトチルドレンであったことが，大人になってからの生きづらさ，困難の理由であるとされる考え方です。この場合，子どもだった長女が親（大人）役割をしているという点で，世代間境界が崩れているということになります。健全な家族構造においては，子どもは子どもとして生き，親は大人として生きることが必要なのです。

　本来，家族療法においては，役割や行動を変えてもらうことによって，関係性を変化させ，問題を解消するという方略をとることが多いと思います。しかし，認知的な介入では変化がみられないときには，親自身が複雑性トラウマを抱えており，まったく無意識に家庭の中では「子どもモード」の自我状態になっている場合があることに，私はあるとき気づきました。よい父になりたいのに，なれないことで苦しんでいる父たちもまた，複雑性トラウマを抱えているのです。

　そのようなとき，妻が夫に対して「『よい父』としてこう振る舞ってほしいのにしてくれない」という願いと不満を伝えれば伝えるほど，悪循環になってしまいます。その理由は図17（113頁）に示したとおりです。

　父たちが少し大きくなった子どものための相談面接においでになることは増えていますが，しかし「父親になることの葛藤」を主訴としてご自身のためにおいでになることは，まだあまりないのが現状でしょう。けれども，面接においでになっている母（妻）が，父（夫）の痛みに目を向けるようになることで，夫婦関係，父子関係，父の「子への嫉妬」は改善することを多く経験します。

　夫は，どのような幼少期を過ごし，どのような満たされなさを抱えて生きてきた人なのか。夫が育った家族関係の中で，どんな痛みを抱えて，でも頑張って生きてきた人なのか。夫が抱える痛み，悲しみに妻が共感的理

解を示すことで，夫の中の「子どもモード」は癒やされることが多いように思います。夫の中の「子どもモード」が暴走しなくなれば，子どもの成長とともに，父も父親としてのアイデンティティを獲得していきます。

　過去の「浮気」などの問題から，妻（夫）が夫（妻）への怒りを抱えてしまっている場合には，EMDR療法でその傷つきの記憶を再処理することは可能です。離婚したくない場合には，夫婦ともに過去の傷つきの記憶の再処理をして，許せる心境になることができれば，夫婦関係は改善します。離婚したい場合には，重大な決心をしていく力を獲得することにつながります。互いへの怒りを抱えたまま生活を続けることは，子どもの複雑性トラウマを生み出していくことにつながるので避けるべきです。

　いずれにしても，子育て困難の背景に夫婦関係の問題がある場合には，カップルセラピーや家族療法の視点から問題を見立て，現在の問題解決に向けて取り組むことが求められます。「現在の」安定があってはじめて，過去の記憶の再処理が可能になります。

13. 世代間を連鎖するトラウマ
（トランスジェネレーショナル・トラウマ）

　複雑性トラウマは，世代を超えて連鎖するものです。つまり，複雑性トラウマは，その人が生まれてからその後に起こったことだけで構成されているわけではないのです。

　イェフダらのホロコースト（ナチス政権によるユダヤ人の迫害および大量殺戮；犠牲者は約600万人）のサバイバー（被害からの生存者）から戦後に生まれて成人した子どもたちを対象にした研究を通して，PTSDリスク要因は，のちに生まれた子どもにも長期にわたって影響を及ぼすことが明らかにされました。親の妊娠前のトラウマティックストレスは，エピジェネティック制御による遺伝子発現のプロセスにより，子宮や精子を通して伝達され，子の行動や生理に影響を与えるといわれています。そして，

その結果生じる葛藤の多い親子の相互作用が，さらなるネガティヴな環境要因となって，リスクを高めるのです。エピジェネティック制御による遺伝子発現のプロセスとは，過酷な環境にさらされたことで，PTSDに関連する遺伝子のスイッチが入った状態のまま，子孫に伝達されるようになるということです（Yehuda et al., 2014）。

　私はこの研究を海外の学会ではじめて聞いたとき，愕然としました。日本人にとっての第二次世界大戦を「トラウマ体験」とみなして視野に入れてきただろうかと……。

　私の両親は，終戦時10代だった世代です。私は，子どものころから，戦中・戦後の話を両親から聞いて育ちました。10人きょうだいの末っ子だった父からは，7人のきょうだいが戦死・病死しているという話を「あっさりと」聞いていました。いまになってそれが意味することを思うとき，戦争というものがもたらす悲劇の大きさに心が痛むばかりです。

　あの時代に，ビッグT（Trauma）を負わなかった人は，いったい日本にどのくらいいるのでしょうか？　ほとんどの日本人がビッグT（Trauma）を抱え，飢えに耐えた時代です。「お国のために万歳」と言いながら，怒り泣くことを許されなかった時代に，ビッグT（Trauma）を負わなかった人はいないでしょう。

　世界規模で考えるならば，いまもなお，戦争被害が何世代にもわたって影響を及ぼし続けているのです。

　家族療法には「ジェノグラム」という家族関係をアセスメントする方法があります。家系図を書くことを通して，家族の歴史と構造を目に見える形にしていく方法です。クライエントさんと一緒に，ジェノグラムを書くことにより，現在の問題が世代を超え連鎖しているものであるということを知ることは，視野が広がり，より大きな関係性（コンテクスト）の中で問題を理解することを助けます。

　その中で祖父母・曾祖父母・さらに上の世代が，第二次世界大戦のとき，どんな体験をしていたのかということを把握することは，とても重要です。

「戦争に行って障害を負って帰ってきた」「シベリア抑留で亡くなった」「疎開していて親は空襲で亡くなった」「戦争のことはいっさい語らない」ということも含めて，必ずそのビッグT（Trauma）のエピソードが出てきます。当時の人たちは，つらいと言うことなく淡々とまじめに働き，戦後の経済復興を支えてきたのです。

　しかし，ビッグT（Trauma）は，解離の防衛による適応をうながし，その防衛の仕方を子どもは無意識に学習し，世代を超えて伝達されていくのです。不快感情の処理の仕方や，自我状態の使い方なども，無意識のうちに，子どもが親から学習しています。

　クライエントさんと一緒にジェノグラムを書くことは，自分の親がなぜ自分に対してそういう態度をとったのか，ということを読み解くために役立ちます。しかしまた，ジェノグラムを書くことは，クライエントさんの中にあるポジティヴな要素のルーツを探ることにも役立ちます。自分に「必要だったのもの」が与えられなかったのはなぜなのか，しかしまた，どのように愛され支えられてきたのかについての認識を広げることができます。

　モニカ・マクゴールドリックらの『ジェノグラム』は名著であり，世代間連鎖の中で構成される家族システムを学ぶためにすぐれた本です。

　第1章のAさんの父は妻が亡くなって後妻を迎えたあと，なぜお酒ばかり飲んでいたのか。教師だったBさんの両親はなぜわが子の甘えを受け止められなかったのか。Cさんの両親はなぜ子どもに罪障感を植えつけてしまうような表情をしていたのか。Dさんの両親はなぜDさんの指しゃぶりを見てもそのさみしさに気づけなかったのか。Eさんの母はなぜいつも厳しかったのか。Fさんの父はなぜ子どもを事故で喪った悲しみを妻と一緒に抱えられず1人で出ていったのか……。

　両親も，またその両親も，複雑性トラウマを抱え，悲しみや苦しみをどう抱えればよいのかがわからず，苦しんでいたのです。

　今，子育て困難にぶつかってみずからの痛みと正面から向き合い，乗り

越えていったクライエントさんたちは，世代間連鎖を止めるヒロインといえます。彼女たちのおかげで，第二次世界大戦からはじまったかもしれない家族のトラウマの歴史を止めることができたといえるのかもしれません。

　今を生きているクライエントさんたちの苦しみの背景には，世代を超えた傷つきの遺産が必ず関係しているという視点は，援助者の方たちの視野を広げることでしょう。誰も悪くないのです。みんな，必死に生きてきただけ。援助者にとって重要なのは，その共感の視点がぶれないことです。

第3章
EMDR療法による支援

1．EMDR療法で起こること

　EMDR療法は，Eye Movement Desensitization and Reprocessingの頭文字をとった名称であり，日本語では「眼球運動による脱感作と再処理法」と訳されます。実際には眼球運動だけではなく，下記に示すような眼球運動以外の両側性刺激も用いるので，「両側性刺激を用いて，過去の記憶にともなう強い負情動と身体感覚などを脱感作し，それにより記憶の再処理が行われる方法」と言い換えることができます。

　EMDR療法は，世界保健機関（WHO）のガイドラインにおいて，PTSDの治療法として推奨されていることから，一般にはPTSDの治療法として専門家によく知られるようになりました。

　これまでに，世界のEMDR療法のセラピストたちは，短時間での変化を可能にするEMDR療法の実践を通して，人の記憶と心の傷に対する脳の防衛のメカニズムを明らかにし，多くの情報を発信してきました。

　EMDR療法は，さまざまな「記憶の再処理」を可能にする方法論であ

るという点で，応用可能性は多岐にわたります。幼いときからの苦労の中で解離の防衛を適応に用いなければならなかった人は，これまで述べてきたように複雑性トラウマを抱えます。EMDR療法は，自我状態を扱うワークと組み合わせることで，複雑性トラウマの治療も可能にし，また，既存の診断名で語られる大人の精神疾患やパーソナリティ障害においても，その治療効果が数多く報告されています。

　EMDR療法を支えているAIP（適応的情報処理）モデルでは，ビッグT（Trauma）だけでなくスモールt（trauma）による持続的ストレスにおいても，その経験の記憶は機能不全的に脳に貯蔵されてしまうということ，しかしながら，脳には生来的に機能不全状態を適応的な状態へ再組織化する性質が備わっているということが前提とされています。そして，創始者のフランシーン・シャピロは，EMDR療法は「生来備わった（脳の）情報処理機構に存在すると考えられる自己治癒力を刺激する生理的な方法」で，「適応的な情報処理メカニズムを賦活するという考え方がEMDR治療の中心」であると述べています（フランシーン・シャピロ，2004）。

　EMDR療法は，単にフラッシュバックなどのトラウマ症状をとることを目指した技法ではなく，脳の中の「自然治癒力」を担っている情報処理システムが正常に機能するようにうながす技法であるという点に特徴があります。そこがほかのトラウマセラピーと異なる点です。そのため，典型的なPTSD治療だけではなく，本書で扱っているような「子育て困難」という事象に応用することも可能なのです。

　両側性刺激とは，眼球運動（セラピストが水平に動かす指の動きに合わせてクライエントさんが眼球を左右に動かす）や，タッピング（セラピストがクライエントさんの左右の膝の上や手の甲に軽くタッピングする）や振動・音刺激（振動や音刺激を与える専用の機器で左右に交互に振動を与える）を意味しています。左右に交互に与える刺激を両側性刺激といいます。

　EMDR療法は，通常，８段階の標準的プロトコルという実施マニュア

ルに基づいて実施されます。記憶の再処理を行うために，はじめにクライエントさんの生育歴を把握しておきます。その中で，そのクライエントさんの問題が，単回性のトラウマに基づくものなのか，複雑性のトラウマに基づくものなのかを判断します。

　次に，安心・安全な状態を強化するという準備段階のプロセスを重視します。それは，図8（92頁）の状態を確認し，強化するためです。記憶の再処理を行うにあたっては，強い恐怖や悲しみ，不快感情がアクティベート（活性化）されて，アブリアクション（解除反応）が起こる可能性があります。ですから，そのプロセスに耐えることができるためには，意識的にイメージすることで安心・安全の状態を身体に喚起することができる力が必要になるのです。「安全な場所・状態（Safe Place/State）」「コンテインメント」「RDI（資源の開発と植え付け：Resource Development and Installation）」その他のリソーシング（もっている体験や感覚を資源として使う方法）など，いろいろな技法があります。

　図18は，両側性刺激による脱感作と再処理を開始する段階の状態を示しています。処理を行うターゲット記憶を思い浮かべ，たとえば恐怖がわきあがっている段階で，その記憶にともなう，「否定的認知（NC：Negative Cognition）」を同定します（否定的認知の一覧表から今の自分の状態にしっくりくる認知を選択します）。同時に，対照的な肯定的認知（PC：Positive Cognition）も選択し，その肯定的認知が「ほんとうにそのとおりだ」と感じられる度合を数値（1～7）にあてはめてみます。

　そして，ターゲット記憶のイメージや映像から引き出される不快な感情と身体感覚を意識化し，数値（0～10）に置き換えます。そのとき，脳の中では，その記憶の想起にともなう固定的なネットワークが作動すると考えられます。「そのことを思い出すといつものどがつまるような感じがして悲しくなる」というような反応が，ここでいう固定的なネットワークにあたります。

　その状態で，セラピストはクライエントさんに両側性刺激を与えます。

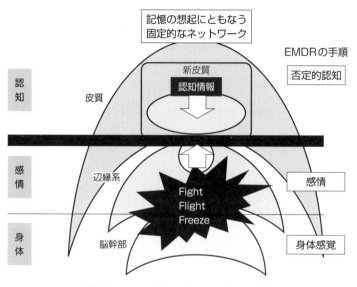

図18　EMDR療法のプロセス（開始時）

　クライエントさんは，そこで頭の中に浮かんだこと，身体が感じたことなどをそのままにセラピストに伝え，セラピストは呼吸をうながし，「そのままで」とクライエントさんがそのままの状態でいられることを保障しながら，次の両側性刺激を加えるということを繰り返していきます。最初のターゲット記憶にともなう認知・感情・身体感覚が脱感作され，変化したことを確認し，再処理のプロセスを評価します。

　図19に示したように，両側性刺激は，皮質と皮質下のつながりを遮断している解離の防衛を容易にゆるめる（中和する）役割を果たします。それにより，脳がみずから治癒に向けて必要なネットワークを自動的に構築しようとしはじめるというのが，EMDR療法の前提となっているAIP（適応的情報処理）モデルです。EMDR療法において重要な点は，両側性刺激を与えることで生じる脳の中の記憶の再処理過程は，クライエントさんの脳が勝手に行うという点です。セラピストの力量は，クライエントさんの脳が勝手に変化を引き起こしていく状況になるような設定をいかに提供

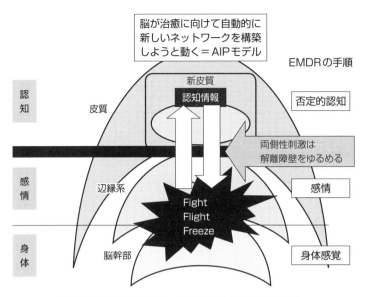

図19　EMDR療法のプロセス（脱感作と再処理過程）

できるかということになります。

　図20に示したように，脱感作と再処理のプロセスの終了段階においては，ターゲット記憶を思い出したとき，その負情動や身体感覚は安心・安全に包まれている状態におさまり，その状態にフィットする肯定的認知を選択することができます。そのとき，そのターゲット記憶の想起にともなう新しいネットワークが構築された状態になっています。

　EMDR療法の結果，トラウマ記憶にまつわる「物語」は自動的に変更されています。このように，きわめてすみやかな変化が得られる理由は，不必要になった解離の防衛がゆるむことにより，クライエントさんの脳が自然治癒の方向に向けてみずから動きはじめ，新しいネットワークを構築するからです。

　しかしながら，解離は適応を維持するための防衛なので，その防衛をゆるめるということには，リスクもともないます。そのため，EMDR療法

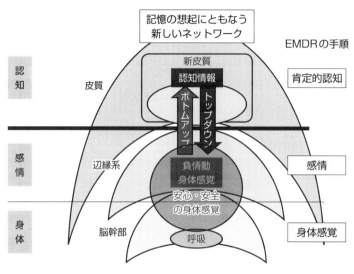

図20　EMDR療法のプロセス（終了時）

を実施するためには，国際EMDR協会（EMDRIA）認定のトレーニングの受講が義務づけられています。本を読んだだけで安易に実施しないことは，臨床家の倫理です。大きな変化を可能にする技法であるがゆえに，トレーニングを受け，EMDR療法の意味を十分に理解したうえで実施することが，クライエントさんの安全のために必須といえます。

　図19にそのイメージを示したように，両側性刺激は解離障壁をゆるめる働きをするため，セラピストには，これまでは見えていなかった複数の自我状態の働き，その存在がよく見えるようになります。特に，日本人の場合，後述するように，「よい子」で適応してきたということが，すでに複雑性トラウマを抱えることの背景になってしまうという文化的背景があるため，純粋な単回性PTSDの事例に出会うことは，むしろ珍しいのではないかと思います。そのため，EMDR療法を行うにあたって，自我状態とそのワーク，愛着と解離の理論などを理解しておくことは，常に必須となります。

EMDR療法は前述したように，基本的には8段階の標準的プロトコルにそって行われるものではありますが，それはある意味「道路とバス停」です。その道路上で「どんな歩き方をするのか」には個性が反映されます。セラピストの寄って立つオリエンテーションの違いによって，認知的な関わりが多いセラピストもいれば，身体的な関わりが多いセラピストもいるでしょう。対象としているクライエントさんの主訴や病理の性質に合わせた「歩き方」をすることなども必要でしょう。

私の臨床スタイルは，女性的でかなり感覚的・身体的・直感的だと思います。私のセラピーにおいては，深くゆっくりとした呼吸を常に用いながら行っています。おそらく，両側性刺激のセットとセットの間に，深い呼吸をていねいに行うことで，身体の安心感・安全感とのコネクトが常に維持され，結果として，マインドフルネスの状態で記憶の再処理を行うことにつながっているのではないかと思っています。それゆえに，過去の記憶が開いて，強いネガティヴ感情があふれてくる（アクティベートされた）状態（アブリアクション）が生じても，「二重注意への気づき」の状態を失わず，「耐性の窓」の範囲内にとどまることができ，記憶の再処理が進むと考えられます。また，深い呼吸をていねいに行っていると，セラピストとの同調は容易となり，おのずと自我状態へのアクセスが可能になるのではないかと感じます。

EMDR療法を最初に学ぶときには，専門用語や新しい知識の学習が必要とされるため，論理的，操作的，ワンアップ（セラピストが上位の立場から治療行為を行う）な技法と受け取られがちですが，実際には，セラピストの身体性・あり様というものに大きな影響を受ける技法です。

2．EMDR療法におけるセラピストとの関係性

EMDR療法における記憶の再処理は，クライエントさんの脳の中で自動的に生じるものです。しかしながら，脳の中での記憶の脱感作と再処理

が自動的に生じるためには，クライエントさんが，あるいは，クライエントさんの脳が，その場を「安全な場」であると感じていることが必須です。

　つまり，セラピストとクライエントさんとの安心・安全な関係，クライエントさんのセラピストに対する信頼がなければ，変化は生じないのです。その理由は，ポリヴェーガル理論（97頁）が説明するとおりです。少しでも安心できない状況があれば，背側迷走神経が作動してシャットダウンし，脳は従来の防衛のシステムを変えようとしないからです。安心な状況には，場所，関係性，時間などさまざまな要因があるでしょう。クライエントさんがセラピストに対して「よい子反応」をしてしまい，「ほんとうはいやなのにOKと言った」というような場合にも，脳は無意識に防衛を働かせて，変化することを阻止するでしょう。

　クライエントさんの側からいえば，どのセラピーの場合でも同じですが，そのセラピストの前にいると安心できるという感覚がもてるセラピストを選ぶことが重要です。

　要するに，EMDR療法による変化を可能にするためには，伝統的な心理療法で大切にされてきた基本的な面接技法やクライエントさんとの関係性，受容と傾聴といった専門的な態度というものが，前提として重要です。

　EMDR療法は，脳科学的背景に基づいた科学的な治療技法ですが，同時に，アートとしての心理療法の色合いも強い方法論だと私は思っています。なぜなら，その脱感作と再処理過程においては，クライエントさんの記憶がアクティベートされ，強い負情動と身体感覚の表出が起こり，セラピストには，それを受け止める器として，そこにただ居るということができる安定性（マインドフルネス）が求められるからです。セラピストとの関係によって生み出される安全な関係性が器となり，クライエントさんの脳が処理を進めていくことができるのです。クライエントさんから表出される強い負情動と身体感覚によって，セラピスト側の負情動と身体感覚が揺り動かされたり，セラピスト側にフリーズ（凍結）反応が生じたりすれば，その治療関係は安全なものではなくなります。

ですから，EMDR療法がうまくいかない場合は，「EMDR療法は効果が
ない」ということでなく，セラピストの側に生じている問題に目を向ける
べきであり，そういう意味で，自己理解や自己を振り返るスーパーヴィジ
ョンがセラピーにおいて重要であるということは，ほかの心理療法と同じ
です。セラピスト自身が，セラピー中に生じる自分の身体反応やそれに基
づく逆転移感情に焦点をあてて，両側性刺激を加えた自我状態のワークを
受けることは，スーパーヴィジョンとして効果的です。

　ベッセル・ヴァン・デア・コークの『身体はトラウマを記録する』の中
には，ヴァン・デア・コーク自身がEMDR療法のトレーニングを受けた
ときの体験が記載されています（pp.413-417）。その経験を通して「患者と
セラピストの間に信頼関係がなくても，EMDRは手助けになりうる」と
書かれているのですが，私は思わず目を疑ってしまいました。ここは文脈
に即してきちんと読むことが必要です。誤解のないように解説するなら，
これはヴァン・デア・コーク自身の専門家を対象にしたEMDRトレーニ
ングという場面での1回の経験を言っているにすぎません。

　もしクライエントさんとセラピストとの間に，安心できる信頼関係がな
ければ，EMDR療法は効果がないだけではなく，危険でもあります。心
を開かせたうえで傷つけるようなことがあれば，セラピーがトラウマを生
むことになります。ですから，EMDR療法は，クライエントさんが目を
動かすだけで治るというようなことはありませんし，「両側性刺激を提示
する機械によって目を動かすとトラウマが消える」というような誤解はき
わめて危険です。

　どんなセラピーであっても，安心と安全が保障された関係性になければ，
心は変化を拒むものです。逆にいえば，安心と安全が保障された関係性で
あれば，どんなセラピーであっても，心に変化を生むことができるともい
えるでしょう。

第3章　EMDR療法による支援　131

3．子育て困難事例でのターゲットの設定と準備段階

　子育て困難事例にEMDR療法を実施するときには，第2章で解説したように，図15-②（106頁）に示した母の皮質下にわきあがっている負情動とそれにともなう身体感覚をターゲットとして設定します。つまり，お子さんとの間で「イライラ」などの不快な感情が引っ張り出されてくる，その刺激を思い出してもらいます。

　そして，イメージするだけでいやな気持ちになったというその状態で，安心・安全のイメージを思い浮かべながら呼吸をすることで，いやな気持ちがおさまっていくということを「今，ここ」で体験してもらいます。バタフライハグと呼ばれているセルフタッピングの方法で，その安心感を強化することができると，家庭でイライラしたときの「お守り」になります。ここで，Fさんの事例の中で述べたコンテインメントの技法（67-68頁）を用いることもできます。いやな気持ちを「入れたい容れ物」に入れるイメージ療法です。

　このプロセスで重要なのは，そのどうしようもない「いやな気持ち」は，イメージするだけでも喚起されるものなので，それはあくまで，母自身の頭の中（心の中）で起こっている反応なのだということ，すなわち「過去の記憶による問題」なのだということを理解してもらうことです。そのことが，セラピーの目的を明確化することにつながります。

　通常，EMDR療法の標準的プロトコルの準備段階では，ネガティヴ刺激はイメージさせません。しかし，私は子育て困難の事例の場合，イメージだけでいやな気持ちになり，それはイメージだけなので自分がおちつくことで消えるという体験をしてもらうことが，準備状態として重要と認識して，大切にしています。子育て困難で相談に来る方たちは，子どもを深く愛していますので，それが可能です。

　わが子の刺激によって，怒りが喚起されたとしても，それは，たとえば

一般の加害者に対する怒りとは違うのです。通常のトラウマ治療の場合，加害者は他人です。ですから，加害者への怒りに準備段階でふれることはしません。しかし，子育て困難の事例の場合，母に恐怖と怒りを喚起させるその刺激は，「愛するわが子」なのです。親子は毎日一緒に生活しています。つまり，家でも日常的にその怒りにさらされ，そして問題が生じています。ですから，家でイライラしたときに，すぐ対処できる方法を学んでおくという点からも，準備段階でイメージによる喚起を経験してもらいます。それは，子どもを守るためにも重要なことです。特に，深く呼吸をすることでおちつけるということを身体のレベルで学習してもらうことが重要です。

　Eさんの事例（55頁）では，「おちつける色」を尋ねることで，安心できる状態をイメージしてもらいました。不安状態が高いときには，「安心できる場所はどこですか？」と聞かれて，それをすぐにイメージするということは意外と難しいものです。でも私たちは，たとえば洋服を選ぶとき，無意識に好きな色やおちつく色を選んでいます。ですので，好みの色を聞かれることはハードルが低く，色をきっかけにして，安心の感情やイメージを引き出すことが可能です。このリソーシングの方法は，東日本大震災の被災地での支援を継続してきた精神科医の鈴木廣子先生（すずきひろこ心理療法研究室）から教えていただいた方法です。困難な状況にあっても，安心できる色のイメージはもてるという実践から生まれたものです。

4．クライエントさんの「脳」に任せるという姿勢

　前述（21頁）したように，記憶は「芋づる」のように保存されています。この図15-②（106頁）でわきあがってくる負情動と身体感覚の下につながっているものも，「芋づる」の記憶です。しかし，どんな「芋」なのかは，誰にもわかりません。わかっているのは，クライエントさんの「脳」，しかも皮質における「認知の脳」ではなく，皮質下の「身体とつながってい

る脳」なのです。

クライエントさんの脳に任せるというセラピストの姿勢は，ナラティヴ・アプローチにおける「無知の姿勢」に似ているところがあります。「専門家が患者の生きる世界について『無知』であることを認め，一段上のポジションから問題を診断したり治療したりするのではなく『会話のパートナー』となる」（野口，2018，p.39）というスタンスです。

前述したように，EMDR療法は，その手順がプロトコルとして「マニュアル化」されているので，セラピスト主導で行われる治療であるかのように誤解されていることがありますが，プロトコルの手順は，クライエントさんの脳が，みずから変化に向けて動きはじめられるように準備するためのものです。

両側性刺激を与え，クライエントさんの脳の中で起こる反応に寄り添いながら，脱感作と再処理過程を見守るプロセスは，「無知の姿勢」で「変化に寄り添うパートナー」としてそこにいるという感覚です。一段上の（ワンアップ）ポジションから治療するというスタンスにあれば，EMDR療法の利用範囲は限定的なものとなるでしょう。答えを知っているのはクライエントさんの「脳」であるということをふまえて，セラピストはクライエントさんの認知が皮質下の脳と対話できるようにお手伝いしているだけなのです。

子育て困難を解決するためのEMDR療法は，図15-②（106頁）の反応の脱感作（不快を感じなくなること）がその目的になります。その脱感作を通して，過去の記憶の再処理が行われます。

それは，その母個人のトラウマ治療とは，別のものです。たとえば，その母が過去に性被害を受けていたということが生育歴で語られていたとしても，そのセッションが子育て困難の解決のためのものであるならば，先にその性被害を扱うことはしません。なぜなら，子どもの泣き・ぐずりに反応して，図15-②の負情動と身体感覚を引き起こしているその理由と，その性被害がつながっているのかどうかはわからないからです。図15-②

をターゲットにして，EMDR療法を行っていく中で，性被害の記憶とつながった場合には，その記憶をターゲットとしますが，つながらない場合には扱いません。現在の生活に支障をきたしていないトラウマ記憶をわざわざ掘り起こす必要はないからです。脳が選択する記憶を扱うことで，短期間に主訴の解決が可能になります。

　しかし，記憶は「芋づる」になっているので，EMDR療法を行ったあとの反応に注意深く目を向けておくことが必要であり，その後のクライエントさんの自己観察に基づく変化，新たに生じる身体感覚や感情に着目して，次のターゲットが設定されます。

　このことをきちんと理解しておかないと，「EMDRをやるとひどくなる」あるいは「EMDRは1回で治るはずなのに治らない」といった誤解を生むことになります。EMDRは記憶を直接扱うことができるという意味できわめて効果的で，短期での解決を可能にする方法ですが，それは「時間の流れ」の中にある自然治癒力というものを味方につけての上でのことです。

　セラピストは，EMDRセッション後の変化を観察する中で，その「つる」につながっていた次の「芋」が出てくるのかどうかをみていきます。その「芋づる」にいくつの「芋」がつながっているのかは誰にもわかりません。それを知っているのは「クライエントさんの脳」だけなのです。その「つる」の「芋」が全部処理されて，はじめて「治った」という状態に至ります。「クライエントさんの脳」は，クライエントさんの生命を守るために機能しているので，「クライエントさんの脳」が，次に処理することが必要な記憶を教えてくれるのです。

　Aさんの事例では，子どもの言動にともなう母の不快をターゲットにしたEMDR療法を2回行ったのち，「寝不足」のときに制御できないイライラを感じるという反応が生じました。この反応に着目することで，封印されていた職場での未処理のトラウマ記憶という「芋」が掘り出され，標準的プロトコルによるEMDR療法で再処理されました。このように，トラ

第3章　EMDR療法による支援　135

ウマは身体記憶に保存されているので，身体感覚に着目することが重要です。

　Bさんの事例では，震災で交通機関が止まり，自宅まで徒歩で帰った翌日，やっと探した病院のトイレで流産してしまったという悲しい出来事がトラウマになっているのだろうことは，専門家の立場からは明らかでした。しかし，そのことが「子どもがいやいや言って言うことを聞かない」状況で生じる怒りにどのように関係しているのかを知っているのは，Bさんの脳だけなのです。もちろん，この場合，流産のトラウマを直接扱うことは可能ですが，クライエントさんの脳の準備状態が十分でない場合には，きれいに短時間で処理されないということが生じます。Bさんは流産のあとうつ状態になりましたが，医療的ケアによる投薬治療を受けて改善していたということでしたので，私は，このことはクライエントさんの脳が選択したときに扱おうと思いました。子どもの言動の刺激によって生じるBさんのイライラをターゲットにして脱感作と再処理を開始したところ，最初に出てきたのは，中学生の自我状態でした。そして，その後の反応として生じた「夫へのいらだちの増加」を焦点にしたところ，流産の記憶とつながり，きれいに再処理されました。

　トラウマ記憶というものは，セラピストが「きっとこういう傷つきなのだろう」と思うような傷つきであるとは限らず，クライエントさんそれぞれ独自の意味を有して，傷つきが生まれています。Bさんの場合は，震災での流産に対する自責に苦しんでいることに，夫が気づかずにすでに忘れていることに対する怒りが，傷が傷として残るうえで重要な役割を果たしていました。

　同様に，Cさんの事例では，次女の出産時にCさん自身の命が危うくなるような体験，胎盤癒着による大出血と意識不明という状況がありましたが，このビッグT（Trauma）は，本人の命の危険に関わる恐怖や痛みに関する傷つきではなく，「母が死ぬかもしれない」という状況を長女に体験させてしまったということについての傷つきであり，それはCさんの生

い立ち，実母との関係から生じているものでした。つまり，たとえビッグ
T（Trauma）であったとしても，その傷つき方，傷の意味は，専門家が
思い描く「トラウマ」とは異なるものなのです。

　だから，治療者側の仮説にそった治療ではなく，クライエントさんの脳
に任せることができるEMDR療法は，究極のクライエントさん中心療法
であり，セラピストがそのコツをつかめれば，「今，ここ」に没入して，
クライエントさんの力を信じることで，治療はスムーズに流れていきます。
「クライエントさんの脳」の声を聴くためには，受容と傾聴，「よく聴くこ
と」「よく観ること」「よく受け止めること」ができるというカウンセリン
グの基本的能力こそが，EMDRの技術以前に必要といえます。

5．ET（早期トラウマ）アプローチ

　サンドラ・ポールセンは，通常の標準的プロトコルは認知的・言語的に
語ることができる記憶（顕在記憶）をターゲットにした方法であることか
ら，言語獲得以前の潜在記憶（妊娠期から乳幼児期）を扱うために，ET
アプローチを開発しました。

　ETアプローチは，準備段階（コンテインメント・腹側迷走神経系のリ
ソース化）で十分にクライエントさんの安心・安全のリソースを強化した
のち，「情動回路のリセット」を行い，「時間枠統合」に進むという流れで
構成されます。

　「情動回路のリセット」は，乳児が生得的にもっている情動回路の機能
が適切に作動するようにリセットするワークです。それは，あたかも「枯
葉でつまった雨どいを掃除して，スムーズに雨が流れるようにするもの」
と説明されています。そのうえで，胎児期からの時間枠を提示して，回想
→解放→修復のプロセスを両側性刺激（タッピング）を用いて進めます。

　具体的な方法については，訳書『言葉がない時』を参考にしてください
（ETアプローチはEMDR療法における高度な技法ですので，EMDR療法

第3章　EMDR療法による支援　137

のトレーニングを受けることなく，ＥＴアプローチだけを行うということ
はできません）。

　子育て困難を主訴としているケースにおいて，子どもの言動によって母
自身の皮質下にわきあがっている負情動と身体感覚（図15-②，106頁）
をターゲットにする場合，そこにつながっている記憶や自我状態が，言語
獲得以後の顕在記憶（「ものごころ」ついてからの記憶）であれば，クラ
イエントさんはセラピストにそれを説明することができます。

　しかし，そこで喚起されている負情動や身体感覚が，早期（胎児期から
乳児期）の記憶からの漏出である場合，クライエントさん自身もそれが何
なのかということを語ることはできませんし，そのかすかでおぼろげな身
体感覚は，実在していたものなのかどうかさえわからなくなってしまうと
いうことが起こります。

　しかし，ＥＴアプローチの方法論では，先に「妊娠（胎児）期，出産時，
生後１週間，生後３ヵ月まで」などという形で，時間枠の設定を行います。
「時間枠」という認知を刺激として用いることで，そこに漏出されている
身体感覚の存在と意味を認識することができるようになるのです。

　私は，このＥＴアプローチを学ぶまで，成人の方の３歳以前（ものごこ
ろ以前）の記憶を直接扱うことはできませんでしたし，できないものと思
っていました。しかし，子育て困難の事例では特に，この早期トラウマは
重要な役割を果たしていることが多いのです。妊娠中から出産時になんら
かの強い不安症状が起っていた事例においては，お母さん自身の人生早期
のトラウマに目を向ける必要があります。

　Ｄさんの事例では，母子ともに健康な出産であったにもかかわらず，産
後すぐから，子どもが息をしているのかどうかという過度な不安が生じて
いたということがありました。「Ｄさん自身が生まれたとき」を扱うＥＴ
アプローチを行ったところ，妊娠中のイメージの中で「居心地が悪く，騒
音が聞こえてうるさい感じがして，全身がぞわぞわしてとにかく不快」と
いう身体感覚が喚起されました。そして，出産時に焦点をあてると「急に

軽い感じになって，うれしいような『あーあ』というような」感じが報告されました。Ｄさんは，実母が中絶を考えたのちの妊娠の継続で，妊娠中毒症で帝王切開での出産という体験をしています。ＥＴアプローチでのＤさんの身体感覚は，赤ちゃんの記憶の再現と考えられます。この時期の言語以前の記憶は，顕在記憶とは異なる潜在記憶の領域に保存されているといわれていますが，キャッチ・アンド・リリース（とらえたら解放される）と表現されるように，記憶は喚起されれば，両側性刺激によりすみやかに解放されていくのです。

　ＥＴアプローチについては，体験がないと，にわかには信じがたいと思われる読者も多いかと思いますが，自分で体験してみると，胎児期・出産期の身体記憶がこのような形で保存されており，また，いともたやすく漏出するのだということ，そしてそれが再処理可能だということには，驚くばかりです。

　ＥＴアプローチで感動するのは，Ｄさんの乳児期での記憶の想起のように，ネガティヴな記憶だけではなく，そのときの身体感覚が喚起されるということです。だから，問題がなければ「あたたかい」というようなポジティヴな記憶も喚起されるのです。Ｄさんは，「自分は姉のおまけのような存在」で，親から愛されて育ったという実感をもてずにいたわけですが，乳児期をイメージしたときにあたたかい感覚に包まれ，当時ケアしてくれていた祖母から大事に育てられたのだという確信を得ることができたのです。このような，自分が大事にケアされていたという身体の記憶は，子育てをするうえで欠かすことのできない記憶です。意識的に覚えている認知の記憶の中では，さみしい記憶しかもてなかったＤさんですが，ＥＴアプローチによって，泣いたら抱っこしてもらっていた身体記憶を取り戻すことができたのです。

　このＥＴアプローチは，子どもに使うことも可能です。Ｅさんの事例では，母子同席のプレイルームで５歳の子どもにＥＴアプローチを行いました。もちろん子どもですので，手順どおりにできるわけではありませんが，

子どもの場合，赤ちゃんのときの話をお母さんにしてもらいながら，両側性刺激を与えることで，比較的容易に，乳幼児期の記憶が再処理されます。キャッチ・アンド・リリースの原則は，子どもであれば，さらにすみやかです。Eさんの子どもは，水を自由に飲めない状況でパニックになるということは，以前からあったということでしたが，ETアプローチの中で，水を飲みたくても飲めなかったという生理的欲求不満の記憶が再処理されていきました。手術して点滴につながれている赤ちゃんが，実は口から水を飲みたいと思っていたということなのです。

ADHDといわれ，きわめて多動でおちつきのない小学生の中には，Eさんの子どものように，乳幼児期の病気を体験している子どもたちがいます。私はETアプローチにより，乳幼児期の病気のトラウマ記憶を再処理することで，おちつけるようになる事例をたびたび体験します。赤ちゃんは，身を守るために闘争・逃走・凍結反応を使っていますから，そのサバイバル反応が解除されない限り，乱暴で多動で，叱られると解離する子になってしまうのです。

6．両側性刺激の選択

子育て困難をEMDR療法で扱う際には，ターゲットの設定が標準的プロトコルとは異なりますが，その進め方は，標準的プロトコルにそって行います。しかし，実施にあたっては，クライエントさんに合わせて，自我状態のワークを加えた柔軟な応用が必要になります。自我状態同士の対話をあらかじめ行うときもあれば，脱感作と再処理過程の中で，「認知の編み込み（再処理を促進させるためのセラピストからの認知的刺激）」の役割として，自我状態との対話をうながす場合もあります。

私は，子育て困難をテーマにしたEMDRを行うときには，両側性刺激として，眼球運動ではなくタッピングを用います。クライエントさんが，自我状態との対話を行うために自然に目をつぶる感じになるからです。深

い呼吸をうながし，内的な自己との対話を行っているときには，目をつぶる傾向がありますので，目をつぶった状態で膝上にタッピングを与えるという形で，脱感作と再処理を進めます。タッピングに抵抗がある方には，バジーと呼ばれる交互に振動を伝える器具を使います。

　閉眼で両側性刺激を与えていると，閉眼している状態で視線が止まっている場合と，左右に眼球が動いている場合とがあります。処理に最適な形で，視線が止まったり，動いたりするのだろうと考え，それも含めて，クライエントさんの脳が選択していることと理解しています。

　しかし，膝上へのタッピングは，クライエントさんとの距離が近く，足への接触でもあるので，そうすることがクライエントさんにとって安全であるのかどうかということを，自分との関係性において配慮する必要があるでしょう。女性である私と子育て中の母たちとの関係においては，閉眼で膝上へのタッピングという方法がなじむということです。膝上へのタッピングは，セラピストが手を少し丸くして行うと，クライエントさんはあたたかさを感じることができます。

　Aさんの事例では，子どもの言動によっていらだつ身体感覚をターゲットにしてEMDR療法を行ったあと，大人になってからの明確なトラウマ記憶の処理が必要なことがわかりましたので，この顕在記憶の処理は，標準的プロトコルで眼球運動を用いて再処理しました。このように，明確な顕在記憶の再処理を行う場合には，眼球運動を用いることを試みますが，基本的には，クライエントさんが好む方法を使用しています。

7．「SUD（主観的障害単位）が0にならない」と感じるとき

　EMDR療法の再処理過程において，解離性障害の方ではないのに，通常の方法ではSUD（主観的障害単位）が0にならないことが多いと，EMDR療法を実施することが難しいと感じてしまうということがあるかもしれません。

第3章　EMDR療法による支援　　141

前述したように（126頁），両側性刺激は解離障壁をゆるめ，それまでに見えていなかった自我状態を賦活させます。EMDR療法を安全に行っていくためには，この自我状態というものへの理解が大変重要になります。そのため，本書でもイラストを使うなどして説明の工夫をしています。

　Eさんの事例のように（57頁），両側性刺激を加えてわずか数回で「おちつきました」という状態になることもあります。あっという間にSUDが0になるような場合です。私はその場合は，両側性刺激により「適応モード」が機能しておちつきをもたらしたと理解し，そこから自我状態にアクセスするため，閉眼しての深い呼吸をうながします。

　たとえば，再度，刺激をイメージしたときに生じる身体感覚を報告してもらい，そこに手をあてて，その状態でタッピングを加えます。そして，「その身体感覚と感情をはじめて感じたのはいつごろの気がしますか？」「その身体感覚は何歳くらいの感じ？」と質問して，賦活されている身体感覚につながっている自我状態にアクセスします。それにより，その自我状態が抱えているつらい記憶の再処理が可能になります。

　両側性刺激によって，これまで封印されてきた自我状態やネガティヴ感情が登場する状態になったときには，その自我状態やネガティヴ感情の登場に対して，セラピストは「感謝する・歓迎する」という姿勢を示すことが必要です。

　しかし，そこでセラピストが，SUDが0にならないため，思わず出てきてはいけないものが出てきたような反応をしてしまうと，これまで誰からもその存在を認めてもらえなかった自我状態や封印されていた感情が，両側性刺激によってようやく出てきたのに，「出たらやっぱり嫌われる」という体験となり，当然その後の治療がうまく進まないということになります。

　怒りが出てきたのなら，「怒りが出てこられてよかった，いつの怒りなの？　やっと出てこられたんですね」と歓迎し，怒っている自我状態が出てきたのなら「はじめまして。あなたは何歳なの？　会えてよかった」と

142

いう気持ちで対応することが必要です。

　つまり，セラピストが，単にSUDが0になることだけに目を向けてしまうと，これまで封印されてきた自我状態やネガティヴ感情の登場によって，いつまでもSUDが0にならないので，「感謝する・歓迎する」というスタンスをとることができなくなります。

　「これまで封印されてきた自我状態やネガティヴ感情の登場」は，「解離はない」と判断していた（単回性の）PTSDの治療においても，しばしば起こります。なぜなら，以下に説明するように，日本人の場合，「よい子」で必死に生きてきたということだけで，適応するために解離した自我状態を抱えるので，単回性トラウマだと思っていたのに実は複雑性トラウマだったということは，ある意味ふつうに起こることなのです。

　そのため，最初から複数の自我状態の登場を想定していないと，「両側性刺激を使うと悪化する」と感じるようなことが起こるかもしれません。

　EMDR療法のトレーニングや継続研修の中で，私たちは海外講師から「解離がないクライエントさんの場合」「解離のあるクライエントさんの場合」という区別により，EMDR療法を学びます。解離のない単回性のPTSDのクライエントさんに，標準的プロトコルによるEMDR療法を実施することは，トレーニングを受けた人であれば，誰でもできるといえるかもしれません。しかし，「解離のあるクライエントさんの場合には」もろもろ準備に時間をかける必要があり，それについてはたくさんのことを学ぶ必要が出てきます。

　もちろん，解離を扱うためにはたくさんのことを学ぶ必要はあるのですが，そもそも「ふつうの人には解離はない（複数の自我状態はない）」という前提をもっていることによって，EMDRを応用しづらくなっている現状があるのではないかと感じます。私は，今では，解離は常にあるものという前提ですべてのケースを扱っています。なぜなら，以下に述べるように，日本人の解離と自我状態は，欧米人のものとは異なる性質があると思うからです。特に一次解離のレベルにおいて，大きな違いがあるのでは

第3章　EMDR療法による支援　143

ないかと考えています。

8. 誰もが抱える一次解離

　人格の構造的解離理論（Van der Hart et al., 2010）では，一次解離においてはANP（Apparently Normal Part of the Personality）とEP（Emotional Part of the Personality）に2分割され，二次解離になると複数のEPが生じ，三次解離においては複数の独立したANPとEPが生じているとされています。つまり，一次解離の段階では，「適応モード」と「不快感情モード」の2つの自我状態に分割され，複数の「不快感情モード」がある場合には二次解離の段階に入るということが示されています。

　また，アンドリュー・リーズは『EMDR標準プロトコル実践ガイドブック』で，一次解離の特徴は離人感と非現実感であることを述べています（pp.97-98）。複数の自我状態の存在は想定されていません。

　すなわち，一般的な理解としては，一次解離は正常解離の範囲，さまざまな解離性障害や「DESNOS（他に特定されない極度のストレス障害)」は二次解離の段階と理解され，三次解離の段階は解離性同一性障害（DID）のレベルを示すと考えられます。

　第1章の事例では，EMDR治療を通して複数の自我状態の存在が認められました。しかし，それは一次解離のレベルです。母たちは「解離性障害」の患者さんではありません。母個人の社会生活における適応は維持されており，母個人としては「患者」ではないのです。出産・子育てを契機に，過去の複数の自我状態が登場し暴走する「複雑性トラウマの症状化」が起こっていますが，場面が限定されています。このように，複雑性トラウマを抱えながらも適応的に「よい子」として生きてきた人たちは，内的には複数の自我状態を抱えていますが，解離のレベルとしては一次解離（正常な防衛としての解離）なのです。

　EMDRのトレーニングを受けたセラピストの中にも，トレーニングで

EMDRを体験したことで自分の中に存在する複数の自我状態に気づいて
しまい，戸惑った方がいるかもしれません。いわゆる「逆転移」が起こっ
ているときには，内的な自我状態が反応していることも多いものです。も
し，セラピストのみなさんが自分の中に隠れていた自我状態の存在に気づ
きながらも，それを異常なものとして排除してしまったなら，セラピーは
滞り，どんなにお金をかけて研修を重ねても，クライエントさんに効果的
な治療を提供できないということが起こります。セラピストであっても，
日本の文化の中で「よい子」として生きてきたわけですから，複数の自我
状態の存在に気づいたとしても，それは不思議なことではありません。

　アセスメントにあたって重要なことは「複数の自我状態が存在している
かどうか」ではなく，「社会適応が維持されているかどうか」という点で
す。社会適応が維持されており，社会的自己が機能している状態であれば，
これまで封印されてきた複数の自我状態が存在していても，それは一次解
離のレベル（正常範囲の防衛）であり，むしろ積極的に関与することで容
易に統合されうるということを知ることは，セラピスト自身のためにも重
要です。

　図21に，単回性トラウマと複雑性トラウマの違いを示してみました。

　単回性トラウマの場合，記憶は時系列にそって保存されています。図21
に示したように，11歳のときにいじめられた記憶が16歳でフラッシュバッ
クしているとき，自我には連続性があるので，16歳で感じている恐怖の源
が11歳の体験にあるということを「自分の体験」として一貫して感じるこ
とができます。その11歳のいじめられによる恐怖の記憶をEMDR療法で
再処理したあと，しばらくしてから，すっかり忘れていた５歳のときの怪
我の恐怖の記憶を思い出すということが起こるかもしれません。それは
「恐怖」の「芋づる」につながっていた「芋」ですが，その体験は自分の
過去の体験であるという実感のもと，自我と記憶には連続性があります。
このように，時系列にそって１つの自我状態のもとに記憶が保存されてい
るとき，単回性のトラウマとして処理が可能です。この場合，再処理の進

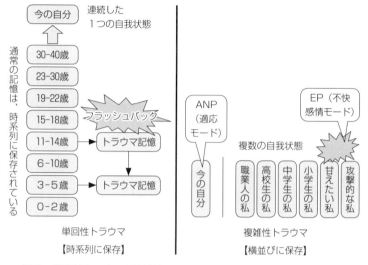

図21　単回性トラウマと複雑性トラウマの記憶の保存の違いのイメージ

み具合はSUDが0になることでわかります。

　複雑性トラウマの場合，記憶は複数の自我状態ごとに保存され，時系列を無視して横並びに保存されているイメージです。自我状態のワークにより，自我状態同士が対話できるようになり，過去の小さな自分が納得していくと，記憶は時系列に並び直し，過去は終わったこととして，今に影響を及ぼさなくなるのです。専門的には，「過去に定位させる」といいます。

　日本人の場合，基本的に「怒りを表明することは控えるべきこと」という文化のもとで生きているので，つらい経験はたやすく封印され，一次解離（正常な防衛としての解離）のレベルであっても，自我状態がその不快感情を抱えてしまうのではないか。そもそも図21の左側に示したように，時系列に記憶が保存されている人のほうが少ないのではないか——私の臨床経験および大学教員として学生を育ててきた体験から，そのように感じます。

　第1章の事例の中で，Aさんは，EMDR中に涙があふれてくる状態になったときに，自分がなぜ泣いているのかわからないという状態でした

（18-19頁）。単回性トラウマの状態であれば，そういうことは起こりません。図21の左側に示したように，自分が過去を思い出して泣いているという実感をともなって，記憶が処理されていきます。

　Bさんには，中学生のときに母に自分の気持ちが言えなかったということについて扱う際，自我状態同士の対話をうながしました（28頁）。もし単回性トラウマの状態であれば，中学生のときのことを思い出した場合，「私はお母さんが悲しむと思うと，どうしても言えなかったんです」という一貫した自我による語りがなされます。しかし，Bさんの中学生のときの記憶は，図21の右側に示したように，独立した自我状態が抱えていたのです。そのため，あたかも他者と話しているかのような展開が生じます。

　このような記憶の保存の仕方が，ごくふつうに，みんなに起こっているのではないかということに目を向けたほうが，EMDR療法を使いやすくなるように思います。単にSUDが0になることよりも，自我状態が互いに対話し受け入れ合うことが重要であり，それができることにより，最初に設定したターゲットについてのSUDが下がります。

　「はじめに」に記載しましたが，本書の執筆の動機は，私の事例論文が，国際EMDR協会（EMDRIA）の学会誌に掲載されたということにあります。

　サンドラ・ポールセンが，私の英語表記のチェックを引き受けてくれたのですが，彼女は，私の事例を読み「どうして複数の自我状態がこんなにたやすく統合されるの？」という疑問を投げかけてきました。なぜなら「これだけ複数の自我状態が存在しているのなら，統合されることにもっと抵抗があるはず」というのが，彼女の臨床経験に基づく考えでした。彼女のその疑問は，私が海外の事例と自分の日本の事例との違和感として日ごろ感じていたものとも通じるものであり，大変興味深いものでした。そして，彼女とのディスカッションや，査読者からのコメントなどを理解することを通して，「自我境界の文化差」というものが解離に影響を与えるのではないかという，以下の仮説をもつにいたりました。そして，そのこ

との説明を加えることを通して，学会誌への掲載となりました。

9．日本人の解離と自我境界の文化差

　解離やトラウマに関する理論は，欧米での研究の翻訳がほとんどです。専門家，研究者は，それらを読み，解離・トラウマとはこういうものだと学習し，臨床にあてはめています。精神科領域における診断基準も，欧米のものを翻訳して使用しています。

　前述したように，私はEMDR療法を20年以上行ってきた中で，書物に書いてあること，すなわち欧米での解離と日本人の解離は何か少し違うのではないかと思うようになりました。2011年からは毎年国際EMDR協会（EMDRIA）の大会に参加してきましたが，自分自身の実践と米国人の事例とを比べてみる中で，そもそも自我境界に文化差がある以上，頭の中に存在する自我状態の自我境界も欧米人とは異なり，日本人は日本人なのだということに気づきました。そして，前述したように，EMDRIAの学会誌に事例論文を投稿するという挑戦を通して，明確にそのことを言語化することができるようになりました。

　これをふまえることは，輸入技法であるEMDR療法を実践するうえでとても重要だと思っていますので，以下に詳しく説明します。

　まず，自我境界の文化差から説明します。欧米人はあいさつとして，ハグしたりキスしたりします。私たち日本人も，海外ではそちらの文化に合わせるという意味で，ハグのあいさつを行いますが，私は時々心構えができていない状況でふいにハグされると，身体がすくんでしまうという体験をします。私たち日本人同士であれば，ハグやキスは特定の親密な関係のみで行うものであり，あいさつとして他人とは行いません。要するに，その距離感には文化差があるといえます。それは自我境界の文化差でもあります。海外で感じる人間関係に関するカルチャーショックは，この自我境界の違いに基づくことが多いといえます。

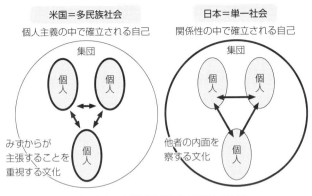

図22　集団と個の関係性における文化差

　自我境界の文化差の違いのイメージを，図22に示しました。

　多民族社会で個人主義が徹底されている米国では，差異があって当たり前の社会に適応するために個が確立されます。他人と自分の境界は明確であり，その境界は集団によって影響を受けず，言語的に主張することが，社会で生きていくうえで重要なことと認識されています。ゆえに対話における誤解の責任は「話し手」にあるという前提のうえに関係性が成立しています。そのため，米国の子どもは，自己の感情や意見を主張する力を身につけることが重視されます。

　それに対して，日本は単一社会であり，みんなが同じであることを前提に，自己は関係性の中で確立されます。個の境界は，集団の性質によって規定され，私たちは常に相手の状態を察し，無意識に汲み取っています。それゆえ日本においては，対話における誤解の責任は「聞き手」にあるという前提のうえに関係性が成立しています。そのため日本の子どもは，相手の感情を汲み取る力（思いやり）を身につけることが重視されます。私たちは，常に関係性の中で，みずからの自我境界の厚みを調整し，当然察してくれるという期待の度合を，関係性の中から判断しています。

　英語の語順では，主語の次に助動詞・動詞がきます。どのような助動

詞・動詞を選択するのかということは，自己の意思であり，周囲との関係性に影響を受けないのです。日本語では，しばしば主語を省略し，助動詞・動詞は最後にきています。私たちは話をしている間に，相手の様子を観察し，相手の気持を汲み取り，最終的にそこでの関係性に適合する助動詞を用いることで動詞の意味を調整しています。このような日本語の在り様は，私たちの自己が常に関係性の中で規定されていることの反映でもあるのではないでしょうか。

　精神分析の立場から長く「日本語臨床（日本文化論を踏まえた臨床）」の重要性を説いてきた北山修は，日本人の「構造化されていない自己」のあり様を「『多神教的』な心の特徴」だと述べています（北山，2019）。神社に行けば手を合わせることを習慣としていながらも，神道を信仰しているわけではないと認識している私たち日本人の前提にある無意識的な文化の構造が，日本人特有の自我境界とそれに包まれた自我状態を生み出しているのでしょう。

　図22をさらにわかりやすくたとえるなら，個人主義の欧米人の自我境界が「殻つきピーナッツ」であるとすれば，日本人の自我境界は「殻をむいた薄皮ピーナッツ」であり，個人は所属集団の殻によって守られているのです。そして，殻となる家族・仲間・職場・コミュニティなど複数の階層構造における集団の関係性が自己を規定します。

　欧米人は「殻つきピーナッツ」だから，他人とハグのあいさつができるのです。「薄皮ピーナッツ」の私は，心構えのないときにふいにハグされるとすくんでしまいます。欧米では日常的に「マスク」を使う習慣はなく，外国人が日本人の「マスク姿」に驚くということは有名です。私たちが，咳が出る状態であれば，ほかの人に不快を与えないように「マスク」をすることが礼儀だと考えるのは，自我境界が「薄皮ピーナッツ」だからなのではないでしょうか？　トイレで排せつの音を消すための「水流の音」を必要とするのも日本人女性特有の文化です。

　前述したように（117頁），日本人は親になると夫婦であっても互いを

150

「お父さん（パパ）・お母さん（ママ）」と呼び合います。つまり「子ども目線での呼び名」を用います。自我境界が明確な欧米ではそのようなことはなく，常に個人の名前で呼び合います。英語圏の読者を想定した英語の事例論文を書く場合には，クライエントを表記する際，「A子とA子母」という言い方では意味をなさず，「A子とB子（母の名前）」という形で記載しなければなりません。これは日本人にとっては，きわめて違和感のある表記なのですが，そのように記載しないと理解されないのです。つまり，親子の自我境界のあり方には，非常に大きな文化差があります。

　このような自我境界の構造をもつ日本人は，無意識に「和（他者が心地よい気持ちでいることができるように集団の中で他者を思いやること）」を重視し，集団の中で個人のニーズや不快感情を表出することはよくないことと認識しています。日本人にとって，尊重されるべき「自分のニーズや感情」は，「集団の中における他者のニーズや感情を汲み取ったうえでの自分の感情」であり，「他者の感情を汲み取らない自分の感情」は「自己中心的であり」「恥ずかしいこと」とみなされます。

　このように，日本人の自己というものは，他者との関係性の中で構築されるものなので，親や集団に適応するために不快感情と身体感覚を解離させて，学校や社会から「よい子」「よい人」として認められ，評価されてくるという育ち方をすることは，ごくふつうに起こります。それは，なんら問題とは見なされません。解離様式で適応している「よい子」は，担任教師や集団構造が変わるたびに，その環境に適応するための新しい自我状態を構築するのです。そのため，容易に複数の封印するための自我状態が生まれ，他者のニーズのために不要とされた不快感情と身体感覚の記憶を抱えるのだろうと推測されます。

　ここで，頭の中に構築されるアクションシステムとしての解離された自我状態たちもまた，「殻をむいた薄皮ピーナッツ」なのだという点が重要なところです。欧米人の場合は，「殻つきピーナッツ」なので，自我状態も独立したパーツとなり，時に名前をもちます。このイメージを図23に示

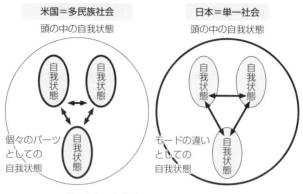

図23 自我状態における文化差

図24 自我状態の文化差のイメージ

しました。日本人の場合，一次解離のレベルで複数の自我状態が存在していても，もともとの自我境界が薄いために，それぞれの独立感はあまりでないという特徴があるのです。図24をみていただけると，イメージがつか

みやすいかと思います。

欧米では，解離している自我状態を「パーツ」と呼びますが，私の感覚としては，日本人は「パーツ」の独立感が低いのでなじまない印象があり，これまで自然と「モード」という言葉を使ってきました。「よい子モード」「子どもモード」「暴走モード」という言葉により，自我状態がスイッチしていることを示しています。

10. 日本人の解離と「和の文化」

日本人の解離を考えるときには，以上述べてきた自我境界の文化差と，もう1つ「怒り」の扱いについての文化差を視野に入れる必要があります。

私たち日本人は，当たり前のように，子どもには「思いやりのある子」になってほしいと願い，人前で「怒る」ということはよくないことと認識しています。大人であっても，思わず感情的に怒ってしまうということがあると，あとで恥の気持ちを感じることが一般的かもしれません。

2015年に『インサイド・ヘッド』（PIXARによるディズニー映画／ピート・ドクター監督）という映画が公開されました。ライリーという小学生の女の子の頭の中の感情たちが主役です。ヨロコビ（喜び），カナシミ（悲しみ），ビビリ（恐怖），ムカムカ（吐き気），イカリ（怒り）の5人が協力してライリーをコントロールしているのですが，ヨロコビはカナシミを嫌っています。この映画は，脳の中で感情がどのような働きをしているのかについての正しい知識をもとに作られたファンタジーですが，物語の終盤では，ライリーの頭の中がフリーズ（凍結）してしまう場面も出てきます。ヨロコビはカナシミをいらない存在として嫌っているのですが，最後にはカナシミも大事な存在と気づくという物語です。

ここで注目したいのは，この映画の中でイカリは「おじさん」でありながら幼くて無鉄砲な「愛されキャラ」として描かれています。ヨロコビから一目置かれ，その存在はちゃんと認められているのです。ここには米国

第3章　EMDR療法による支援　153

文化という背景があります。日本であれば，真っ先に嫌われ，いやがられるのはイカリでしょう。

　ハリウッド映画や海外ドラマを見ても，カップルが路上で怒鳴りあい，職場では同僚が本音でガンガン批判しあい自己主張するという場面はおなじみであり，そこで怒ったこと自体がその後の関係性に影響することはないという描かれ方をしています。つまり「人前で怒るのはよくないこと」という価値観は，他者を不快にさせないことを重視する「和の文化」に基づくものであり，世界共通の価値観ではないのです。

　幼い子どもたちは，ところかまわず，泣き，怒り，かんしゃくを起こします。それは皮質下から表出される本能的・生理的な欲求ですが，日本人にとっては，その泣き声や怒り方が他者に不快を与えはしないかということは，常に気がかりとなるのです。そのため，たとえ叱責を受けなかったとしても，「怒らないで」「泣かないで」という願いをこめた親のまなざしが子どもに取り込まれるとき，フリーズ（凍結）反応を引き起こして解離することで親に適応するという方略が選択されてしまうのです。それが，複雑性トラウマを抱えてしまう「よい子」を生み出します。

　日本の「よい子」が問題になるのは，本能的・生理的反応でもある「不快感情」が否定され，それによって生じる「怒り」も否定されるからです。「清く正しく美しく」「笑顔で」生きるためには，不快感情や怒りは邪魔者であり，そういう文化的背景の中で，他者からの要求が自己への要求となるとき，複数の自我状態が必要とされていくのです。

　ですから，日本人にEMDR療法を行うとき，あるいは自我状態のワークを行うときには，「怒る気持ちも大事な気持ち」「泣くのは恥ずかしいことではない」というような前提についての心理教育などが重要です。これらのフレーズに抵抗を感じないかどうか，その方がもともともっている不快感情に対する構えを確認しておく必要があります。記憶の再処理を安全に行うためには，自分の中から怒りの気持ちが出てきたときに，無意識にそれを止めてしまわないように，手を打っておく必要があるのです。

以上述べてきたように，欧米の解離の概念にとらわれずに，日本人の自我境界，他者を思いやることに価値をおく文化を視野に入れると，「よい子」として適応してきた人は，一次解離（正常解離）のレベルであっても，たやすく複数の自我状態を抱えているけれども，個々の自我状態は自我境界が薄いゆえに統合されやすいという特徴があると考えられます。思いやりに価値観をおく日本人は，他者の気持ちを汲み取る能力が高く，それゆえに，ほかの自我状態の気持ちも，気づきさえすれば，すぐ汲み取れるのです。

　要するに，EMDR療法を実施する際には，複数の自我状態が登場する可能性は常にあり，最初から想定しておくことが必要ですし，単回性トラウマの処理のモデルではじめると，行きづまることが多いともいえるでしょう。SUDを下げるためには，クライエントさんが「よい子」になるために封印していた自我状態を，現在の自分が受け入れる自我状態のワークを用いることが効果的なケースが多いように感じます。これができるようになれば，EMDRを用いて容易に変化を生み出していくことが可能になります。

　このことが臨床実践の中でおのずと腑に落ちていくと，「両側性刺激を用いると悪化する」という不安から解放されて，標準的プロコトルに従いながらも，EMDR療法を柔軟に応用する力を身につけることができるのではないかと思います。

　そのためには，当然のことながら，前述したように，セラピストとの安全な治療関係を築くことと，そもそも事例全体をきちんと見立てられる力量をもっていることが前提となります。

第3章　EMDR療法による支援　155

あとがき

専門家の方たちは，「虐待」や「愛着障害」という問題について，そして，その結果引き起こされる子どもたちの発達上の問題については，すでにたくさんの知識をもっていることと思います。しかし，残念ながら，どうやって「愛着障害」を引き起こす親子関係を修復するのかということについては，まだほとんど知られていないのが現状だと思います。

乳幼児期の親子の「愛着」という重要な関係性が，子どもの脳の発達に重大な影響を与えるということに関するエビデンス（脳科学研究）が示される時代になり，不適切な養育環境が子どもの育ちに与える影響の重大性は，以前にも増して，世界的視野の中で注目されるようになりました。

小学校では，年齢相応に感情コントロールできない子どもが増加し，学級経営，学校経営そのものが危機的な状況です。また，一見適応的に過ごしてきた子どもたちが，成長するにつれて，深刻な心理的問題を抱えて思春期を迎えることも増えています。昨今は，小学校で，年齢相応に感情コントロールすることができずに不適応を示す子どもは，「発達障害」とラベルされる傾向にあり，いわゆる「発達障害の増加」という言葉でその困難が示されることも一般的となっています。この問題の解決のためには，早期の段階で，子育て困難を援助することが急務といえます。

子育てをつらいと思っている母たちは，みんな，子どもを愛しています。私たち女性は，本能的に動物的に母であり，それゆえに苦しむのです。

「虐待」という言葉のもつ「親の加害性」，それゆえに援助者が抱えてしまう，どこか「恐い人」への遠慮と恐れに満ちた気遣いという距離の取り

方が，親を援助者から遠ざけてしまいます。

　小学生・中学生の教育相談における事例の中には，ここで示した乳幼児期の子育て困難を抱えたまま大きくなって，さらに悪循環を重ねた状態になっている事例が多くあります。その場合であっても，母たちが子どもの言動の何にどう反応しているのかという点から事例理解を試みることは役立ちます。

　子どもが大きくなってからの事例にどう対応するのかは，『子どもの感情コントロールと心理臨床』（日本評論社，2015）を参考にしてください。本書はいわば「姉妹本」にあたります。母へのEMDR療法の方法は，小中学生の親の場合であっても，本書で示した方法と同じです。本書の第2章は，『子どもの感情コントロールと心理臨床』の第1章にも記載している内容ですが，親が抱える複雑性トラウマという文脈でさらに詳細な説明を加えたものになっています。

　本書を読んだ方が，「わが子へのいらだち」に苦しんでいるお母さんたちに，その苦しみへの深い共感をもって，「これまで，たくさんのつらいことを一生懸命我慢してきたのですよね」と向き合ってもらえれば，親子の救いにつながることと思います。そして，それが，小学校以上の子どもの心理的問題の予防のために重要です。

　2019年6月16日，EMDR療法の創始者であるフランシーン・シャピロ（1948-2019）が亡くなりました。シャピロがEMDR療法を発表してから，今年はちょうど30年。この30年という時代は，私にとっても，子育てを行いながら自分のキャリアを構築してきた30年でした。私がEMDR療法のトレーニングを受けたのは，1998年と1999年。それから20年，海外のセラピストがEMDR療法の実践を通して進化してきたのと同様に，私自身も並行して同じ経験年数を重ね，ともに進化してきたと思います。

　2019年9月12〜15日，カリフォルニア州オレンジカウンティで"EMDRIA Conference 2019"が開催され，14日夜，シャピロを追悼する会

が行われました。私がはじめて"EMDRIA Conference"に参加したのは2011年なので，今回が9回目でした。

　シャピロを追悼する会では，4人の方のシャピロを忍ぶスピーチのあと，2011年のシャピロの講演のビデオが映し出されました。それは，私がはじめて参加した年，そこで実際に聞いたシャピロの講演でした。本書にも「バタフライハグ」という自己を安定化させるための両側性刺激（両手を交差して蝶の羽のような形で自分自身の両腕をタッピングする）の方法を紹介しました（56頁・132頁）が，メキシコでの災害の被災地における人道支援活動の中でのグループセッションで，バタフライハグを教えたときの話です。「1人の少年がやってきて，ぼくの弟は両手がなくなっちゃったから，どうすればいい？　と言った」という話を，シャピロが涙を流しながら語る場面のビデオでした。そして最後に，理事長が「みなさん，スタンディングオベーションで，シャピロに感謝の気持ちを伝えましょう」と呼びかけました。EMDR療法を開発し，その作用機序を明らかにする研究に力を入れ，世界の人々にその恩恵が与えられるように走り続けたシャピロの思いを感じながら，スタンディングオベーションに参加しました。友人のセラピストたちとともに，涙を流しながら貴重な時を過ごすことができました。しかし日本人である私は，スタンディングオベーションだけでは気持ちがおさまらず，どうしても深くお辞儀をしたい衝動にかられました。そして1人で深くお辞儀をして，こころから感謝の気持ちを伝えました。日本にもEMDRを伝えてくれたこと，私がEMDRに出会えたこと，このことはほんとうに幸せなことでした。

　子育て困難に苦しんでいる母たちへの援助のために本書が役立つことを願っています。

　　　2019年9月19日

　　　　　　　　　　　　　　　　　　　　　大河原美以

引用文献

飛鳥井望（2019）「複雑性PTSDの概念・診断・治療」『精神療法』45(3), 323-328.

González, A.（2019）*It's not me. Understanding complex trauma, attachment and dissociation.* Amazon Fulfillment.（アナベル・ゴンザレス著，大河原美以監訳（2020）『心が傷ついたときに起こること―複雑性トラウマ・愛着・解離の理解（仮題）』日本評論社）

北山修（2019）「構造化されていない自己」『心理臨床学研究』37(1), 1-4

Levine, P.A.（2010）*In an unspoken voice: how the body releases trauma and restores goodness.* Berkeley: North Atlantic Books.（ピーター・A・ラヴィーン著，池島良子・西村もゆ子・福井義一・牧野有可里訳（2016）『身体に閉じ込められたトラウマ―ソマティック・エクスペリエンシングによる最新のトラウマ・ケア』星和書店）

Leeds, A.M.（2016）*A guide to the standard EMDR therapy protocols for clinicians, supervisors, and consultants.* New York: Springer Publishing Company.（アンドリュー・リーズ著，太田茂行・市井雅哉監訳（2019）『EMDR標準プロトコル実践ガイドブック―臨床家，スーパーバイザー，コンサルタントのために』誠信書房）

McGoldrick, M., Gerson, R. & Petry, S.（2008）*Genograms: assessment and intervention. 3rd ed.* New York: W.W. Norton.（モニカ・マクゴールドリック，ランディ・ガーソン，スエリ・ペトリー著，青木聡・大西真美・藪垣将訳（2018）『ジェノグラム―家族のアセスメントと介入』金剛出版）

野口裕二（2018）『ナラティヴと共同性―自助グループ・当事者研究・オープンダイアローグ』青土社

Ogden, P., Kekuni, M. & Pain, C.（2006）*Trauma and the body: a sensorimotor approach to psychotherapy.* New York: W.W. Norton.（パット・オグデン，ケ

クニ・ミントン，クレア・ペイン著，日本ハコミ研究所訳（2012）『トラウマと身体　マインドフルネスにもとづくトラウマセラピー――センサリーモーター・サイコセラピー〈SP〉の理論と実践』星和書店）

Paulsen, S.（2009）*Looking through the eyes of trauma and dissociation.* South Carolina: Booksurge Publishing.（サンドラ・ポールセン著，新井陽子・岡田太陽監修，黒川由美訳（2012）『トラウマと解離症状の治療――EMDRを活用した新しい自我状態療法』東京書籍）

Paulsen, S.L.（2017）*When there are no words: repairing early trauma and neglect from the attachment period with EMDR therapy.* Bainbridge Island, WA: Bainbridge Institute for Integrative Psychology.（サンドラ・ポールセン著，大河原美以・白川美也子監訳（2018）『言葉がない時　沈黙の語りに耳を澄ます――EMDR療法による早期トラウマの修復』スペクトラム出版社）

Porges, S.W.（2007）The polyvagal perspective. *Biological Psychology,* 74(2), 116-143.

Porges, S.W.（2017）*The pocket guide to the polyvagal theory: the transformative power of feeling safe.* New York: W.W. Norton.（ステファン・W・ポージェス著，花丘ちぐさ訳（2018）『ポリヴェーガル理論入門――心身に変革をおこす「安全」と「絆」』春秋社）

Schwartz, R.C. & Sweezy, M.（2019）*Internal family systems therapy. 2nd ed.* New York: The Guilford Press.

Shapiro, F.（1995/2001）*Eye movement desensitization and reprocessing: basic principles, protocols, and procedures. 2nd ed.* New York: The Guilford Press. （フランシーヌ・シャピロ著，市井雅哉監訳（2004）『EMDR――外傷記憶を処理する心理療法』二瓶社）

Shapiro, R.（ed.）（2005）*EMDR solutions: pathways to healing.* New York: W.W. Norton.（ロビン・シャピロ編，市井雅哉・吉川久史・大塚美奈子監訳（2015）『EMDRがもたらす治癒――適用の広がりと工夫』二瓶社）

Van der Hart, O., Nijenhuis, E.R.S. & Solomon, R.（2010）Dissociation of personality in complex trauma-related disorders and EMDR: theoretical considerations. *Journal of EMDR Practice and Research,* 4(2), 76-92. doi:10.1891/1933-3196.4.2.76

Van der Kolk, B.A., McFarlane, A.C. & Weisaeth, L.（eds.）（1996）*Traumatic stress: the effects of overwhelming experience on mind, body, and society.* New York: The Guilford Press.（ベセル・A・ヴァン・デア・コルク，アレキサンダー・C・マクファーレン，ラース・ウェイゼス編，西澤哲監訳（2001）『トラウマティック・ストレス—PTSDおよびトラウマ反応の臨床と研究のすべて』誠信書房）

Van der Kolk, B.A.（2014）*The body keeps the score: brain, mind, and body in the healing of trauma.* New York: Penguin Publishing Group.（ベッセル・ヴァン・デア・コーク著，柴田裕之訳（2016）『身体はトラウマを記録する—脳・心・体のつながりと回復のための手法』紀伊國屋書店）

Watkins, J.G. & Watkins, H.H.（1997）*Ego states: theory and therapy.* New York: W.W. Norton.（ジョン・G・ワトキンス，ヘレン・H・ワトキンス著，福井義一・福島裕人・田中究訳（2019）『自我状態療法—理論と実践』金剛出版）

Yehuda, R., Daskalakis, N.P., Lehrner, A., Desarnaud, F., Bader, H.N., Makotkine, I., Flory, J.D., Bierer, L.M. & Meaney, M.J.（2014）Influences of maternal and paternal PTSD on epigenetic regulation of the glucocorticoid receptor gene in Holocaust survivor offspring. *American Journal of Psychiatry*, 171(8), 872-880. doi:10.1176/appi.ajp.2014.13121571.

〔著者のEMDR療法に関する論文・書籍〕
大河原美以（1999）「子供の不適応事例に対するEMDR活用の治療的枠組み」『こころの臨床a・la・carte』18(1), 37-41.

大河原美以（2003a）「トラウマとその文脈としての家族」崎尾英子編『EMDR症例集』星和書店，14-27.

大河原美以（2003b）「臨床家を育てるためのスーパービジョンへの応用—安全感を高める意識的呼吸法の利用」崎尾英子編『EMDR症例集』星和書店，28-41.

大河原美以（2004）「EMDR—記憶の中のトラウマを脳が再処理することを促す技法」『児童心理』58(12), 156-167.

大河原美以（2008）「子どもの心理治療にEMDRを利用することの意味—感情制御の発達不全と親子のコミュニケーション」『こころのりんしょうa・la・carte』27(2), 293-298.

大河原美以（2010a）「感情制御の発達不全とその回復—嘔吐経験がトラウマとな

った小学生事例の治療経過から」『医学のあゆみ』232(1), 33-37.

大河原美以（2010b）「家族療法とEMDRの統合の視点―関係性の改善への応用」『EMDR研究』2(1), 27-38.

大河原美以（2012）「妹への暴力を主訴とした小4男児と家族への心理治療」『EMDR研究』4(1), 41-51.

大河原美以（2013）「EMDRと子どもの解離の治療―「いやな気持ち出てこないで！」VS「いやな気持ちは大事な気持ち」」『EMDR研究』5(1), 12-17.

大河原美以（2015）『子どもの感情コントロールと心理臨床』日本評論社

大河原美以・岡田太陽・藤本昌樹（2016）「EMDRと子ども（日本EMDR学会第10回学術大会企画シンポジウム）」『EMDR研究』8(1), 11-17.

大河原美以（2017）「EMDRと子ども・家族への支援―親へのEMDRセラピーのための見立てとプランニング」『EMDR研究』9(1), 5-12.

大河原美以（2018）「無意識の自我状態が構成する家族の構造とEMDR」『EMDR研究』10(1), 8-9.

Okawara, M. & Paulsen, S.L.（2018）Intervening in the intergenerational transmission of trauma by targeting maternal emotional dysregulation with EMDR therapy. *Journal of EMDR Practice and Research*, 12(3), 142-157.

大河原美以（おおかわら・みい）

東京学芸大学教育心理学講座教授，博士（教育学）。公認心理師・臨床心理士・家族心理士・学校心理士。1982年東北大学文学部哲学科卒業。児童福祉施設の児童指導員として勤務の後，1993年筑波大学大学院修士課程教育研究科修了。精神科思春期外来，教育センターなどの非常勤相談員を経て，1997年東京学芸大学助教授，2007年4月より現職。専門は子どもの心理療法・家族療法。著書に，『怒りをコントロールできない子の理解と援助―教師と親のかかわり』（金子書房，2004年），『ちゃんと泣ける子に育てよう―親には子どもの感情を育てる義務がある』（河出書房新社，2006年），『子どもたちの感情を育てる教師のかかわり―見えない「いじめ」とある教室の物語』（明治図書，2007年），『心が元気になる本』全3巻（監修，あかね書房，2008年），『子どもの感情コントロールと心理臨床』（日本評論社，2015年），『子どもの「いや」に困ったとき読む本―どうやってしつければいいの？』（大和書房，2016年）がある。

子育てに苦しむ母との心理臨床
── EMDR療法による複雑性トラウマからの解放

2019年12月10日　第1版第1刷発行

著　者──大河原美以
発行所──株式会社　日本評論社
　　　　　〒170-8474　東京都豊島区南大塚3-12-4
　　　　　電話 03-3987-8621（販売）-8598（編集）　振替 00100-3-16
印刷所──港北出版印刷株式会社
製本所──株式会社　難波製本
装　幀──大村麻紀子
イラスト（図1，2，3，13，24）──おがわあきこ

検印省略　© 2019 Okawara, M.
ISBN 978-4-535-56380-3　Printed in Japan

JCOPY〈(社)出版者著作権管理機構 委託出版物〉

本書の無断複写は著作権法上での例外を除き禁じられています。複写される場合は，そのつど事前に，(社)出版者著作権管理機構（電話 03-5244-5088，FAX 03-5244-5089，e-mail: info@jcopy.or.jp）の許諾を得てください。
また，本書を代行業者等の第三者に依頼してスキャニング等の行為によりデジタル化することは，個人の家庭内の利用であっても，一切認められておりません。

子どもの感情コントロールと心理臨床

大河原美以／著

きれる、かんしゃく、暴力、いじめ、不登校、リストカット…子どもの心の問題はどのように生じるかを明快に解き、支援の青写真を描く。

◇ISBN 978-4-535-56321-6　A5判／本体2,000円＋税

新版 セラピストの技法
──システムズアプローチをマスターする

東　豊／著

面接の逐語録とP循環療法の事例を新たに追加！システムズアプローチのおもしろさがギュッと詰まった1冊がここに生まれ変わる！

◇ISBN 978-4-535-56381-0　四六判／本体2,000円＋税

不安のありか
──"私"を理解するための精神分析のエッセンス

平島奈津子／著

誰もがもつ不安やその病である不安症について、実際の臨床ケースや映画・ドラマなどのフィクションを題材に解説。

◇ISBN 978-4-535-98391-5　四六判／本体1,600円＋税

日本評論社
https://www.nippyo.co.jp/

※表示価格は本体価格です。別途消費税がかかります。